KARL MARX

A MISÉRIA DA FILOSOFIA

(RESPOSTA À FILOSOFIA DA MISÉRIA DE PROUDHON)

KARL MARX

A MISÉRIA DA FILOSOFIA

(RESPOSTA À FILOSOFIA DA MISÉRIA DE PROUDHON)

Tradução
Paulo Roberto Banhara

Lafonte

Título original Alemão: *Das Elend der Philosophie*

Direção Editorial *Sandro Aloísio*
Organização Editorial *Ciro Mioranza*
Tradução *Paulo Roberto Banhara*
Revisão *Suely Furukawa*
Diagramação *Eduardo Nojiri*
Imagem/ Capa *Roseed Abbas / shutterstock.com*

Dados Internacionais de Catalogação na Publicação (CIP)
(Câmara Brasileira do Livro, SP, Brasil)

Marx, Karl, 1818-1883
A miséria da filosofia : (resposta à filosofia da miséria de Proudhon) / Karl Marx ; tradução Paulo Roberto Banhara. -- São Paulo : Lafonte, 2019.

Título original: Misère de la philosophie
"Texto integral"
ISBN 978-85-8186-376-4

1. Economia - Filosofia 2. Proudhon, Pierre Joseph, 1809-1865. Sistema das contradições econômicas, ou, Filosofia da miséria I. Título.

19-28241 CDD-330.01

Índices para catálogo sistemático:

1. Economia : Filosofia 330.01

Cibele Maria Dias - Bibliotecária - CRB-8/9427

Editora Lafonte Ltda.

Av. Profa. Ida Kolb, 551 – 3º andar – São Paulo – SP – CEP 02518-000
Tel.: 55 11 3855-2286
atendimento@editoralafonte.com.br • www.editoralafonte.com.br

Índice

Apresentação

Como o próprio subtítulo da obra o diz, *A Miséria da Filosofia* foi escrita por Karl Marx em resposta às ideias de Proudhon, expostas no livro *Filosofia da Miséria*. O título completo deste era *Système des contradictions économiques ou philosophie de la misère* (Sistema das contradições econômicas ou filosofia da miséria), deixando claro que a política econômica seguida e aplicada na época não só provocava a miséria, mas levava o trabalhador assalariado a viver numa situação permanente de miséria. Em outros termos, a exploração do industrial ou do patrão em geral continuava gerando pobreza e miséria, como na época do feudalismo.

Karl Marx concorda com esta colocação genérica de Proudhon, mas discorda dos princípios econômicos deste, particularmente nas relações diretas entre trabalho e salário, a divisão do trabalho, nos binômios trabalho-produção, concorrência-monopólio, comércio-consumo e em outras colocações de política econômica.

Numa de suas correspondências, que mantinha regularmente com outros intelectuais da época, Marx classifica o livro de Proudhon como "de modo geral ruim e muito ruim". Obviamente, as ideias de Marx, o homem que engendrou a ideologia comunista, não se coadunavam com outros analistas de economia que não seguissem as diretivas de um socialismo mais invectivo e contundente. Essa discrepância se acentuava sempre mais entre os muitos intelectuais que, no século XIX, tratavam de sociologia econômica ou de política econômica. Era o tema do momento para a intelectualidade que procurava livrar as nações e a própria humanidade não só do ultrapassado sistema econômico feudal, mas sobretudo libertar o homem do trabalho escravo, verdadeira chaga nas relações humanas, e ainda da subserviência semiescrava do trabalhador ao patrão.

O leitor que quiser compreender a fundo as ideias de Marx expostas neste livro deve ler também a obra de Proudhon, pois *A Miséria da Filosofia* é uma resposta direta à *Filosofia da Miséria*.

Ciro Mioranza

A Miséria da Filosofia

(Resposta à Filosofia da Miséria de Proudhon)

Prefácio de Friedrich Engels à primeira edição alemã

A presente obra foi escrita no inverno de 1846/47, quando Marx tinha conseguido elaborar os princípios de sua nova concepção histórica e econômica. O recém-publicado Système des contradictions économiques ou philosophie de la misère, de Pierre-Josph Proudhon, deu-lhe a oportunidade de desenvolver estes princípios básicos em oposição às ideias do homem que, a partir de então, iria ocupar o lugar mais significativo entre os socialistas franceses da época. Desde o momento em que ambos, em Paris, tinham longamente discutido questões econômicas, muitas vezes durante noites inteiras, seus caminhos se afastaram cada vez mais; a obra de Proudhon mostrava que já havia um fosso intransponível entre eles; já não era possível ignorá-lo; Marx constatou essa ruptura irreparável na resposta que lhe deu.

O juízo global de Marx sobre Proudhon está expresso no artigo que é reproduzido no apêndice e que apareceu pela primeira vez no *Sozial-Demokrat* de Berlim, nos números 16, 17 e 18 de 1865. Foi o único artigo que Marx escreveu neste jornal.

As tentativas de von Schweitzer para conduzir o jornal para as águas governamentais e feudais manifestaram-se quase imediatamente e isso nos obrigou a retirar publicamente nossa colaboração ao fim de algumas semanas.

Esta obra tem agora, para a Alemanha, uma importância que nunca o próprio Marx previu. Como poderia ele saber que, ao atacar Proudhon, atingiria Rodbertus, o atual ídolo dos arrivistas de hoje, que nem sequer de nome conhecia.

Não nos cabe aqui alargar-nos sobre as relações entre Marx e Rodbertus; em breve surgirá a oportunidade de o fazer, basta dizer que, quando Rodbertus acusa Marx de tê-lo "pilhado" e de "no capital se ter aproveitado sem a citar" de sua obra *Zur Erkenntniss unsrer staatswirthschafilichen Zustände (Para o Conhecimento da Nova Situação Econômico-Estatal)* ele se deixa levar por uma calúnia que só é explicável pelo mau humor natural de um gênio desconhecido e por sua notável ignorância das coisas que se produzem fora da Prússia, nomeadamente, da literatura socialista e econômica. Estas acusações, tal como a já citada obra de Rodbertus, nunca chegaram ao conhecimento de Marx; de Rodbertus apenas conhecia as três *Sozialen Briefe,* e mesmo estas nunca antes de 1858 ou 1859.

Com mais fundamento, Rodbertus afirma nessas cartas ter descoberto "o valor constituído de Proudhon" muito antes de Proudhon, mas o leva a vangloriar-se erradamente ao julgar ter sido o *primeiro* a descobri-lo. Em todo caso, nossa obra o critica com Proudhon e isso me obriga a alongar-me brevemente sobre o opúsculo "fundamental" *Zur Erkenntniss unsrer staatswirthschafilichen Zustände,* de 1842, pelo menos na medida em que este, para além do comunismo à Weitling que também contém, ainda que inconsciente, antecipa Proudhon.

Na medida em que o socialismo moderno, qualquer que seja, aliás, a tendência de que faz parte, procede da economia política burguesa, liga-se quase exclusivamente à teoria do valor de Ricardo. Ambas as afirmações produzidas por Ricardo em 1817, logo no início dos seus *Princípios*: primeiro, que o valor de toda e qualquer mercadoria é determinado única e exclusivamente pela quantidade de trabalho exigida para sua produção e, segundo, que o produto da totalidade do trabalho social é repartido entre as três classes de proprietários fundiários (renda), dos capitalistas (lucro) e operários (salário), estas duas proposições já tinham sido utilizadas na Inglaterra desde 1821 para conclusões socialistas. Tinham sido deduzidas com tanta profundidade e clareza que esta literatura, hoje quase desaparecida e grande parte só por Marx redescoberta, só pode ser ultrapassada com o aparecimento do *Capital.* Aliás, voltaremos a falar disso outra vez. Quando Rodbertus, em 1842, tirava por seu lado conclusões socialistas das proposições acima citadas, seguramente isso era um passo importante para um alemão, mas só era uma descoberta para a Alemanha. Marx mostra a Proudhon que sofria de uma alucinação semelhante, a pouca novidade de uma determinada aplicação da teoria de Ricardo.

"Quem quer que esteja um pouco familiarizado com o movimento de economia política na Inglaterra não pode deixar de saber que quase todos os socialistas desse país propuseram, em diferentes épocas, a aplicação igualitária (isto é, socialista) da teoria ricardiana. Poderíamos lembrar a Proudhon: *A Economia Política (Popular Political Economy. Four Lectures Delivered at the London Mechanic's Institution – Economia Política Popular. Quatro Conferências Proferidas na London Mechanic's Institution)* de Hodgskin, 1822; William Thompson: An *Inquiry into the Principles of the Distribution of Wealth Most Conductive to Human Happiness (Uma Investigação sobre os Princípios da Distribuição da Riqueza que maximamente conduzem à Felicidade Humana*], 1824; T. R. Edmonds: *Practical Moral and Political Economy (Moral Prática e Economia Política)*, 1828, etc., etc., e quatro páginas de etc. Vamos nos contentar em deixar falar um *comunista* inglês, Bray. Citaremos as passagens decisivas de sua obra notável: *Labour's Wrongs and Labour's Remedy (Males do Trabalho e Remédio do Trabalh)*, Leeds, 1839. E só as citações de Bray aqui dadas chegam para liquidar boa parte da prioridade reivindicada por Rodbertus.

Nessa altura, Marx não tinha ainda entrado na sala de leitura do Museu Britânico. Para além das bibliotecas de Paris e de Bruxelas, para além de meus livros e extratos, que leu durante uma viagem de seis semanas que fizemos juntos à Inglaterra, no verão de 1845, ele apenas tinha lido os livros que se podia encontrar em Manchester. Nos anos quarenta a literatura de que falamos não era, portanto, tão inacessível como o pode ser hoje em dia. Se, apesar disso, ela sempre permaneceu desconhecida para Rodbertus, isso se deve exclusivamente ao fato de que ele era um prussiano limitado. Ele é o fundador propriamente dito do socialismo prussiano e agora finalmente reconhecido como tal.

Entretanto, mesmo em sua amada Prússia, Rodbertus não podia deixar de ser atingido. Em 1859 foi publicado em Berlim o *Zur Kritik der Politischen Oekonomie, erstes Heft (Para Crítica da Economia Política*, primeiro fascículo), de Marx. Aí, ressalta entre as objeções feitas pelos economistas contra Ricardo, como segunda objeção, p. 40:

"Se o valor de troca de um produto é igual ao tempo de trabalho nele contido, o valor de troca de um dia de trabalho é igual ao produto deste. Ou ainda: o salário tem que de ser igual ao produto do trabalho. Ora é o contrário que acontece."

Em nota: "Esta objeção feita a Ricardo pelos economistas burgueses foi mais tarde retomada pelo lado socialista. Admitida a exatidão teórica da fórmula, reprovou-se à prática o estar em contradição com a teoria e pediu-se à sociedade burguesa que tirasse praticamente a esperada consequência desse princípio teórico. Foi pelo menos desse modo que os socialistas ingleses voltaram à fórmula do valor de troca de Ricardo contra a economia política." Faz-se referência nesta nota à *Misère de la philosophie* de Marx, que naquele momento se encontrava ainda em todas as livrarias.

Rodbertus teve, portanto, suficientes oportunidades para convencer-se da real novidade de suas descobertas de 1842. Em vez disso, não deixa de proclamá-las e julga-as de tal modo incomparáveis que não lhe vem uma só vez ao espírito que Marx tinha podido tirar sozinho suas conclusões de Ricardo tal como o próprio Rodbertus.

Puramente impossível! Marx "copiou-o" a ele, a quem o mesmo Marx oferecia todas as facilidades para se convencer de que muito antes deles, pelo menos sob a forma grosseira que têm ainda em Rodbertus, estas publicações já haviam sido enunciadas na Inglaterra.

A aplicação socialista mais simples da teoria de Ricardo é aquela há pouco mencionada. Em muitos casos, levou-se a perspectivas sobre a origem e a natureza da mais-valia que ultrapassam em muito Ricardo. O mesmo acontece na obra de Rodbertus. Além de, nesta ordem de ideias, nunca apresentar nada que já não tenha sido dito antes dele, sua exposição tem ainda os mesmos defeitos que a de seus predecessores, aceita as categorias econômicas de trabalho, capital, valor, etc., na forma bruta que os economistas lhe transmitiram, forma essa que se refere à sua aparência sem procurar o conteúdo. Desse modo, ele não só se priva de todos os caminhos para se desenvolver mais completamente em oposição a Marx que, primeiro, fez alguma coisa com essas proposições há 64 anos como também abre o caminho que leva em linha reta à utopia, como se demonstrará.

A aplicação há pouco referida da teoria de Ricardo que mostra aos operários que a totalidade da produção social, que é produto seu, lhes pertence porque eles são os únicos produtores reais, conduz diretamente ao comunismo. Entretanto, tal como Marx na passagem referida também indica, ela é, econômica e formalmente falsa, pois, é simplesmente uma aplicação da moral à economia. Segundo as leis da economia burguesa, a maior parcela do produto *não* pertence aos operários que o criaram. Se então dissermos: isso é injusto, não deve ser assim, isso nada tem a ver com a economia.

Dizemos somente que este fato econômico contradiz nosso sentimento moral. Foi por isso que Marx nunca fundamentou nisso suas reivindicações comunistas, mas sim na necessidade do modo de produção capitalista que diariamente e cada vez mais se produz sob nossos olhos. Ele se contenta em dizer que a mais-valia se compõe de trabalho não-pago: é um fato puro e simples. Mas o que pode ser formalmente falso do ponto de vista econômico pode ser correto do ponto de vista da história universal.

Se a consciência moral das massas declarar injusto um fato econômico, como, no seu tempo, a escravatura ou a servidão, isso é uma prova de que o próprio fato se tornou obsoleto, que outros fatos econômicos se produziram graças aos quais o primeiro se tornou insuportável e insustentável. Atrás da inexatidão econômica formal, pode estar oculto um conteúdo econômico muito verdadeiro. Seria fora de hora nos alongarmos mais aqui sobre o significado e a história da teoria da mais-valia.

Além disso, pode-se tirar outras consequências da teoria do valor de Ricardo e já foram tiradas. O valor das mercadorias é determinado pelo trabalho necessário para sua produção. Mas o fato é que, neste mundo ruim, as mercadorias ora são vendidas acima de seu valor, ora abaixo dele e isso não só em consequência das oscilações da concorrência. Da mesma maneira que a taxa de lucro tem a tendência a manter no mesmo nível para todos os capitalistas, também os preços das mercadorias tendem a reduzir-se ao valor de trabalho, por intermédio da oferta e da procura. Mas a taxa de lucro, no entanto, é calculada pelo capital total investido num negócio industrial. Uma vez que, em dois ramos de negócio diversos, o produto anual pode incorporar iguais quantidades de trabalho e, portanto, apresentar valores iguais, e como, se o salário pode ser em igualmente alto nos dois ramos, mas os capitais avançados podem ser, e são muitas vezes, duplos ou triplos num ou noutro ramo, a lei do valor de Ricardo, como o próprio Ricardo já descobriu, está em contradição com a lei da taxa de lucro.

Se os produtos dos dois ramos de negócio são vendidos por seu valor, as taxas de lucro não podem ser iguais; mas se as taxas de lucro são iguais, os produtos dos dois ramos de negócio não são sempre e em toda parte vendidos por seu valor. Temos aqui, portanto, uma contradição, uma antinomia de duas leis econômicas. Segundo Ricardo (capítulo I, seções 4 e 5), a solução prática se opera normalmente em benefício da taxa de lucro, em determinado valor.

Mas a determinação de Ricardo, apesar de seus tristes caracteres, tem um aspecto que a torna cara a nossos bons burgueses. É o aspecto pelo qual faz apelo, de modo irresistível, a seu sentimento de justiça. Justiça e igualdade de direitos são os pilares sobre os quais o burguês dos séculos XVIII e XIX gostaria de construir o edifício da sociedade. Sobre as ruínas das injustiças, das desigualdades e dos privilégios feudais. A determinação do valor das mercadorias pelo trabalho e a livre troca que se faz, de acordo com essa medida de valor entre os possuidores iguais diante do direito, são, como Marx já demonstrou, as bases reais sobre as quais se constituiu toda a ideologia política, jurídica e filosófica da burguesia moderna.

Uma vez que já se tem conhecimento de que o trabalho é a medida do valor das mercadorias, os melhores sentimentos do bom burguês foram profundamente feridos pela maldade de um mundo que se reconhece nominalmente nesse princípio de justiça, na realidade, em cada momento, sem se incomodar, parece pô-lo de lado.

Especialmente o pequeno burguês, cujo trabalho honesto, ainda que seja apenas o trabalho de seus operários e aprendizes, diariamente se desvaloriza e sempre mais, devido à concorrência da grande produção e das máquinas, de modo particular o pequeno produtor deve desejar uma sociedade em que a troca dos produtos segundo seu valor de trabalho seja uma verdade plena e sem exceção. Em outras palavras, deve desejar ardentemente uma sociedade na qual vigore, exclusiva e integralmente, uma única lei da produção de mercadorias, mas onde sejam eliminadas as condições sob as quais ela pode em geral vigorar, quer dizer, as restantes leis da produção de mercadorias, ou melhor, da produção capitalista.

Essa utopia está enraizada no modo de pensar do pequeno burguês moderno, real ou ideal. O que o demonstra e que ela já foi, em 1831, sistematicamente desenvolvida por John Gray, praticamente investigada e largamente difundida nos anos trinta, na Inglaterra, proclamada como a mais recente verdade por Rodbertus em 1842 na Alemanha e por Proudhon em 1846 na França, publicada ainda em 1871, outra vez por Rodbertus, como solução da questão social e, em 1884, consegue a adesão do exército de arrivistas que sob a égide de Rodbertus, se prepara para explorar o socialismo de estado prussiano.

A crítica dessa utopia, tanto contra Proudhon como contra Gray, foi tão exaustivamente feita por Marx, que posso me limitar aqui a algumas observações sobre a forma especial que Rodbertus adotou para exprimi-la.

Como já dissemos, Rodbertus aceita os conceitos econômicos tradicionais exatamente sob a forma como lhe foram transmitidos pelos economistas. Não faz a mínima tentativa de investigá-los. Para ele, valor é "a avaliação quantitativa de uma coisa relativamente às outras, tomando essa avaliação como medida".

Esta definição, sem exagero, nos dá, quando muito, uma representação do aspecto aproximado do valor, mas não diz absolutamente nada do que ele é. Mas, uma vez que isso é tudo o que Rodbertus sabe dizer acerca do valor, é compreensível que procure uma medida do valor situada fora do valor. Depois de, ao longo de trinta páginas, ter confundido valor de uso e valor de troca, com aquela força do pensar abstrato que é tão infinitamente admirada por Adolph Wagner, chega ao resultado de que não há uma medida de valor. O trabalho poderia ser essa medida, mas somente no caso de uma troca entre produtos de iguais quantidades de trabalho, seja porque "em si mesmo ou porque se tomaram providências" que o assegurem. Valor e trabalho ficam assim sem qualquer conexão real, embora todo o primeiro capítulo seja utilizado para nos explicar a razão pela qual as mercadorias "custam trabalho" e nada senão trabalho.

O trabalho é mais uma vez tomado sob a forma em que ocorre nos economistas. E nem sequer isso. De fato, ainda que se refira com duas palavras às diferenças de intensidade do trabalho, o trabalho é apresentado muito geralmente como algo que "custa", quer dizer que é medida de valor, seja ou não despendido em condições sociais normais. Se os produtores levam dez dias na fabricação de produtos que podem ser fabricados num dia apenas; se empregam seu tempo de trabalho na fabricação de artigos socialmente necessários e na quantidade socialmente exigida ou se fabricam artigos totalmente sem procura ou artigos procurados acima ou abaixo das necessidades, nada disso interessa: trabalho é trabalho, produto do mesmo trabalho tem de ser trocado pelo produto do mesmo trabalho. Rodbertus, que, em qualquer outro caso, seja a propósito ou não, está sempre pronto a colocar-se no ponto de vista nacional e a considerar as relações dos produtos isolados do alto do observatório do conjunto da sociedade, evita aqui, medrosamente, tudo isso. Simplesmente porque, desde as primeiras linhas de seu livro, vai direto à utopia do dinheiro-trabalho e porque toda a investigação do trabalho em sua qualidade de formador de valor tinha de semear seu caminho de intransponíveis obstáculos. Seu instinto era aqui significativamente mais forte que seu poder de abstração, que em Rodbertus, diga-se de passagem, só se pode descobrir através da mais concreta falta de ideias.

A transição para a utopia é feita num abrir e fechar de olhos. As "disposições" que fixam a troca de mercadorias de acordo com o valor de trabalho como regra sem exceção não constituem aqui qualquer dificuldade. Os restantes utopistas dessa orientação, de Gray a Proudhon, se atormentam para elaborar instituições sociais que hajam de realizar esse objetivo. Pelo menos procuram resolver a questão econômica pela via econômica, pela ação dos próprios possuidores de mercadorias que as trocam. Para Rodbertus é bem mais fácil. Como bom prussiano, apela para o Estado: que um decreto do poder estatal ordene a reforma.

Com isso o valor é "constituído" de modo feliz, mas não a prioridade reclamada por Rodbertus para essa constituição. Pelo contrário, Gray como Bray entre muitos outros, muitas vezes e muito antes de Rodbertus repetiram até a saciedade o mesmo pensamento: desejavam piedosamente as medidas mediante as quais os produtos, apesar de todos os obstáculos, seriam trocadas sempre e só segundo seu valor de trabalho.

Depois de o Estado ter assim constituído o valor, pelo menos de uma parte dos produtos, pois Rodbertus também é modesto, o Estado emite seu vale de trabalho, faz com ele adiantamentos aos capitalistas industriais, com os quais eles pagam os operários; os operários compram então os produtos com o vale de trabalho que recebem e assim proporcionam o retorno do vale de trabalho a seu ponto de partida.

Ouçamos do próprio Rodbertus como isso se desenrola de modo fabuloso: "No tocante a esta segunda condição, a necessária disposição de que o valor certificado na cédula esteja realmente presente na circulação é preenchida pelo fato de só aquele que entregar realmente um produto recebe uma cédula na qual está marcada com exatidão a quantidade de trabalho pela qual o produto foi fabricado. Quem entregar um produto de dois dias de trabalho recebe cédula na qual se encontra marcado "dois dias". A segunda condição será necessariamente preenchida pela observação exata dessa regra na emissão. De fato, de acordo com nosso pressuposto, o valor real dos bens coincide sempre com aquela quantidade de trabalho que custou sua fabricação; e esta quantidade de trabalho tem seu padrão na divisão de tempo habitual, de tal modo que quem entregar um produto onde estão empregados dois dias de trabalho, quando recebe um certificado de dois dias também não recebe nem mais nem menos valor em certificado ou concedido do que ele de fato forneceu; e como, além disso, *só* recebe um tal certificado que realmente tiver posto um produto em circulação, também é certo que o valor marcado na cédula está disponível para satisfação da sociedade. Amplie-se quanto se quiser o círculo da divisão de trabalho, se essa regra for seguida com exatidão, a *soma do valor disponível tem de ser exatamente igual à soma do valor em certificados*. Mas como a soma do valor em certificados é exatamente também a soma do valor concedido, esta tem também *necessariamente de coincidir com o valor disponível, todas as reivindicações ficam satisfeitas e a liquidação corretamente efetuada* (p.166, 167).

Se até hoje Rodbertus teve sempre a infelicidade de chegar demasiado tarde com suas novas descobertas, pelo menos, desta vez, tem o mérito de *uma* espécie de originalidade: nenhum de seus concorrentes se atreveu a formular a tolice da utopia do vale de trabalho nessa forma infantilmente ingênua, transparente, diria mesmo genuinamente pomeraniana. Dado que, para cada nota, é fornecido um objeto de valor correspondente e que nenhum objeto de valor é de novo entregue a não ser contra um vale correspondente, então a soma dos vales tem de estar sempre coberta pela soma dos objetos de valor. Os cálculos batem, sem o mínimo resto, estão certas até o segundo trabalho e não há empregado superior da caixa de dívida pública que, mesmo encanecido, possa detectar o mínimo erro de contas. Que mais se pode pedir?

Na sociedade capitalista atual, cada capitalista industrial produz por iniciativa própria o que quer, como quer e quanto quer. A necessidade social, todavia, permanece para ele uma grandeza desconhecida, tanto no que toca à qualidade, à espécie dos objetos de que se necessita, com sua respectiva quantidade. Aquilo que hoje não pode ser fornecido de um modo suficientemente rápido poderá amanhã ser fornecido para além das necessidades. Apesar disso, de um modo ou de outro, bem ou mal, a necessidade é finalmente satisfeita e a produção acaba por se regularizar, grosso modo, para os objetos procurados. Como se concilia esse equilíbrio da contradição? Pela concorrência. E como é que a concorrência fornece esta solução? Simplesmente desvalorizando abaixo de seu valor de trabalho as mercadorias que não servem por sua espécie ou quantidade à necessidade social do momento e fazendo sentir indiretamente aos produtores, dessa forma indireta, que têm em fábrica artigos que em geral não servem ou artigos que em si servem, numa quantidade supérflua que não serve. Disso se deduzem duas coisas:

Primeiro, que os desvios contínuos dos preços das mercadorias em relação aos valores das mercadorias são a condição necessária, na qual e pela qual somente o valor das mercadorias pode vir a existir. Só através das oscilações da concorrência e, ao mesmo tempo dos preços das mercadorias e que se realiza a lei do valor da produção de mercadorias, se torna uma realidade a determinação do valor das mercadorias pelo tempo de trabalho socialmente necessário. Que, além disso, a forma de representação do valor, que o preço tenha, parece em geral algo diferente do valor que manifesta – o valor partilha esse destino com a maioria das relações sociais. O rei na maior parte das vezes parece completamente diferente da monarquia que ele representa. Numa sociedade de produtores que trocam suas mercadorias, querer estabelecer o valor pelo tempo de trabalho proibindo a concorrência que estabeleça essa determinação do valor pela pressão sobre os preços na única maneira em que ela pode ser em geral estabelecida, significa, portanto, apenas demonstrar que se adotou, pelo menos nesse campo, o habitual desprezo utópico pelas leis econômicas.

Segundo: a concorrência, ao pôr em vigor, no interior de uma sociedade de produtores de mercadorias que as trocam, funda por isso mesmo e impõe, precisamente por esse mesmo fato, a única organização e a ordenação possível da produção social. Apenas mediante a desvalorização ou ao aumento dos preços dos produtos é que os produtores individuais de mercadorias serão obrigados a ver quais e quantos a sociedade precisa ou não precisa. Mas é precisamente esse único regulador que a utopia partilhada por Rodbertus quer abolir. E quando perguntamos então que garantia temos de que é produzida de cada produto a quantidade necessária e não mais, de que não teremos fome de cereal e carne enquanto estamos afogados em açúcar de beterraba e há um excesso de aguardente de batata, de que não faltarão calças suficientes para cobrir nossa nudez enquanto os botões de cuecas se multiplicam aos milhões. Rodbertus apresenta triunfante sua famosa conta, de acordo com a qual cada libra de açúcar supérflua, para cada barril de aguardente ainda por vender, para cada botão de cueca inutilizável, se emitiu a respectiva nota; conta esta que é "exata", que "satisfaz todas as exigências cuja liquidação é exata". E quem não acreditar nisso, que se dirija ao senhor X, empregado superior na caixa de dívida pública na Pomerânia, que reviu as contas e as considerou corretas e que se pode considerar que nunca cometeu um erro em suas contas de caixa.

Vejamos agora a ingenuidade com que, através de sua utopia, Rodbertus quer eliminar as crises da indústria e do comércio. Logo que a produção de mercadorias tiver atingido as dimensões do mercado mundial, o equilíbrio entre os diversos produtores isolados, que produzem e do qual ignoram mais ou menos a procura em quantidade e qualidade, estabelece-se por meio de uma tempestade no mercado mundial, por meio de uma crise comercial[1].

Se se proibir a concorrência que dê a conhecer aos produtores isolados de como o mercado mundial está, mediante a alta ou baixa dos preços, se estará vendando seus olhos completamente. Organizar a produção de mercadorias de tal maneira que os produtores deixem de poder saber qual o estado do mercado para o qual produzem, isso é curar as crises que poderiam levar o doutor Eisenbart a ter inveja de Rodbertus.

Compreende-se agora por que Rodbertus determina o valor das mercadorias pelo trabalho, e, no máximo, permite graus de intensidade de trabalho diversos. Se ele tivesse pelo menos perguntado por que e como é que o trabalho cria valor e, consequentemente, o determina e mede, teria chegado ao trabalho socialmente necessário, necessário para o produto isolado tanto em relação aos outros produtos da mesma espécie como em relação à quantidade total socialmente exigida. Teria chegado ao problema de como a produção dos produtores isolados de mercadorias se adaptam à procura social total e assim toda a sua utopia se tornaria impossível. Só que dessa vez ele preferiu abstrair: fez abstração do problema que tinha que resolver.

---

[1] Desde que o monopólio do mercado mundial pela Ing aterra foi sendo cada vez mais quebrado pela participação da França, da Alemanha e, especialmente, da América no mercado mundial, parece que está entrando em vigor um nova forma de equilíbrio. O período de prosperidade geral que precede a crise continuará a não querer aparecer. Se não vier, a estagnação crônica terá de ser o estado normal da indústria moderna, apenas com ligeiras oscilações (*Nota de Engels para a edição alemã de 1885*).

Chegamos, enfim, ao ponto em que Rodbertus nos oferece algo de realmente novo, algo que o distingue de todos os seus numerosos camaradas da economia de troca pelos vales de trabalho. Todos eles exigem esse modo de troca com o objetivo de eliminar a exploração do trabalho assalariado pelo capital. Cada produtor deve receber o valor total do trabalho do seu produto. Neste ponto estão todos de acordo, desde Gray a Proudhon. De modo algum, diz ao contrário Rodbertus. O trabalho assalariado e sua exploração subsistem.

Primeiro, o operário em nenhum estado social possível pode receber para seu consumo todo o valor de seu produto; a partir dos fundos produzidos tem que atender a uma série de funções economicamente improdutivas, mas necessárias; tem, portanto, que sustentar as pessoas que a exercem. Isso só é correto enquanto vigorar a divisão do trabalho atual. Numa sociedade em que o trabalho produtivo em geral é obrigatório, sociedade essa que, aliás, se pode "imaginar", essa observação não é válida. Mas se manteria a necessidade de um fundo social de acumulação e de um fundo social de reserva, e então os operários, isto é, todos ficariam também na posse e no usufruto de seu produto total, mas cada indivíduo não desfrutaria, porém, do rendimento de trabalho completo. A manutenção de funções economicamente improdutivas à custa do produto do trabalho não foi esquecida pelos outros utopistas do vale de trabalho. Mas, para esse fim, deixam os operários realizar os descontos, seguindo assim o modo democrático normal, enquanto Rodbertus, cuja reforma social de 1842, toda ela, fora talhada pelo padrão do Estado prussiano de então, remete tudo para o parecer da burocracia que, soberanamente, determina aos operários a parte do produto em seu próprio trabalho.

Segundo, tanto a renda da terra como o lucro deverão manter-se na íntegra. De fato, tanto os proprietários fundiários como os capitalistas industriais exercem funções socialmente úteis ou mesmo necessárias, embora economicamente improdutivas e na renda fundiária e no lucro recebem por isso de certa maneira um ordenado, o que não é de modo nenhum uma concepção nova, mesmo em 1842. Na verdade, eles agora recebem demasiado pelo pouco que fazem e que fazem suficientemente mal; Rodbertus, contudo, tem necessidade de uma classe privilegiada, pelo menos para os próximos 500 anos, por isso a taxa de mais-valia, para me exprimir corretamente, deve ser substituída, mas não deverá ser aumentada. Esta presente taxa de mais-valia Rodbertus admite que seja de 200%, isto é, para um trabalho diário de doze horas o operário deve receber não um certificado de 12 horas, mas sim de 4, e o valor produzido nas restantes 8 horas deverá ser distribuído entre proprietário fundiário e capitalista. Os vales de trabalho de Rodbertus mentem descaradamente, mas tem de ser um proprietário feudal da Pomerânia para imaginar que haja uma classe operária à qual agradasse trabalhar doze horas para receber um vale de quatro horas de trabalho. Se traduzirmos o passe de mágica da produção capitalista para essa linguagem ingênua em que ele surge como um roubo descarado, nós a tornamos impossível. Toda e qualquer nota dada ao operário seria um incitamento direto à rebelião e cairia sob a alçada do § 110 do Código Penal do império alemão. É preciso nunca ter visto outro proletariado a não ser o proletariado diarista, de fato ainda preso num regime quase de servidão, de uma propriedade de fidalgo da Pomerânia, onde a vara e o chicote dominam e onde todas as mulheres bonitas da aldeia pertencem ao harém do gracioso senhor. Mas nossos conservadores são nossos maiores revolucionários.

Ainda que nossos operários sejam suficientemente mansos para se deixarem levar na conversa de que, durante doze horas inteiras de trabalho duro, só tinham, na realidade, trabalhado quatro, em compensação deverá ser-lhes garantido como recompensa que, para toda a eternidade, sua parte do produto de seu próprio trabalho não deverá cair abaixo de um terço. Isso, de fato, equivale a tocar o hino da sociedade futura num trompete de criança e não merece que se perca uma só palavra com isso. Por conseguinte, tudo o que Rodbertus apresenta de novo na utopia dos vales de trabalho é simplesmente infantil e permanece muito abaixo das realizações de seus numerosos rivais, tanto antes como depois dele.

Para a época em que apareceu *Zur Erkenntniss*, etc., de Rodbertus, certamente era um livro significativo. Seu prosseguimento da teoria do valor de Ricardo numa primeira direção era um começo promissor. Embora só para ele e para a Alemanha constituísse uma novidade no conjunto, ela permanecia à mesma altura das realizações de seus melhores precursores ingleses. Mas foi apenas um começo, a partir do qual só por meio de um ulterior trabalho profundo e crítico haveria de se conseguir um proveito real para a teoria. Todavia, esse desenvolvimento fica por aí porque, desde o início, o desenvolvimento de Ricardo é dirigido em outro sentido, no sentido da utopia. Ao fazê-lo, perdeu a primeira condição de toda a crítica, a independência. Rodbertus trabalhou então num objetivo previamente determinado; tornou-se economista de tendência. Uma vez prisioneiro de sua utopia, cortou a si mesmo toda possibilidade de progredir na ciência. A partir de 1842 até sua morte anda aos círculos, repete sempre os mesmos pensamentos expressos ou esboçados em suas obras precedentes, sente-se desconhecido, acha-se copiado, onde nada havia para copiar e, por fim, recusa, não sem intenção, a evidência de que no fundo ele apenas tinha descoberto, o que já o fora há muito tempo.

A tradução se afasta em algumas passagens do original francês impresso. Isso se deve a modificações manuscritas introduzidas por Marx, as quais serão incluídas na nova edição francesa já preparada.

Certamente não é necessário chamar a atenção para o modo de expressão usado nesta obra, o qual não coincide totalmente com o do *Capital*. Nela se fala ainda do *trabalho* como mercadoria, de compra e de venda de trabalho, em vez de *força* de trabalho.

Como complemento, acrescenta-se ainda a esta edição: primeiro, uma passagem tirada da obra de Marx *Zur Kritik der Politischen Oekonomie*, Berlim, 1859, a propósito da *primeira* utopia dos vales de trabalho de John Gray; segundo, o discurso de Marx sobre o livre câmbio, que foi pronunciado em francês em Bruxelas (1847) e que pertence ao mesmo período do desenvolvimento do autor que a *Miséria*.

Friedrich Engels

Londres, 23 de outubro de 1884

Prefácio de Friedrich Engels à segunda edição alemã

Para a segunda edição alemã, simplesmente observei que o nome Hopkins é substituído pelo de Hodgskin, que é o correto, a data da obra de William Thompson deve ser corrigida para 1824. Assim esperamos que a consciência bibliográfica do senhor Professor Anton Menger fique tranquila.

Friedrich Engels

Londres, 29 de março de 1892

A Miséria da Filosofia

Prefácio

O senhor Proudhon tem a infelicidade de ser singularmente desconhecido na Europa. Na França tem o direito de ser mau economista, porque pode passar por bom filósofo alemão. Na Alemanha, tem o direito de ser mau filósofo, porque pode passar por um dos melhores economistas franceses. Em nossa qualidade de alemão e de economista ao mesmo tempo, quisemos protestar contra esse duplo erro.

O leitor haverá de compreender que, neste trabalho ingrato, tivemos frequentemente de abandonar a crítica de Proudhon para fazer a crítica da filosofia alemã e ao mesmo tempo apresentar breves exposições de economia política.

Karl Marx

Bruxelas, 15 de junho de 1847

A obra de Proudhon[1] não é apenas um tratado de economia política, um livro comum, é uma Bíblia: "Mistérios", "Segredos arrancados do seio de Deus", "Revelações", nada ali falta. Mas como em nossos dias os profetas são discutidos mais conscienciosamente que os autores profanos, é necessário que o leitor se resigne a passar conosco pela erudição árida e tenebrosa do "*Gênesis*", para se elevar mais tarde com o mesmo Proudhon às regiões etéreas e fecundas do *suprassocialismo*. (Ver Proudhon, *Philosophie de la misère*, Prólogo, parágrafo III).

[1] Pierre-Joseph Proudhon (1809-1865), jornalista, economista e sociólogo francês, um dos fundadores do anarquismo; sua obra mais famosa, *Sistema das contradições econômicas ou Filosofia da miséria*, é o objeto central da crítica de Karl Marx neste livro (NT).

Capítulo I

Uma descoberta científica

1. Oposição do valor de uso e do valor de troca

"A capacidade que todos os produtos, quer naturais quer industriais, têm de servir para a subsistência do homem, chama-se particularmente valor de uso; a capacidade que têm de ser trocados um pelo outro, valor de troca... Como é que o valor de uso se torna valor de troca?... A gênese da ideia de valor (de troca) não foi notada pelos economistas com suficiente cuidado: é importante que nos detenhamos nela. Visto que, entre os objetos de que tenho necessidade, um grande número deles se encontra na natureza apenas numa quantidade limitada ou nem sequer se encontra, vejo-me forçado a ajudar a produzir o que me falta e como não posso me ocupar de tantas coisas, proporei a outros homens, meus colaboradores em funções diversas, que cedam uma parte de seus produtos em troca do meu" (Proudhon, tomo I, cap. II).

Proudhon se propõe a explicar, antes de mais nada, a dupla natureza do valor, a "*distinção no valor*" (tomo I), o processo que converte o valor de uso em valor de troca. Convém que, com Proudhon, nos detenhamos diante deste ato de transubstanciação. Eis como este ato se realiza, segundo nosso autor.

Um grande número de produtos não se encontra na natureza, existe graças à indústria. Suponhamos que as necessidades ultrapassem a produção espontânea da natureza, o homem é forçado a recorrer à produção industrial. Em que consistem essas indústrias, na suposição de Proudhon? Qual sua origem? Um só homem, sentindo a necessidade de um número muito grande de coisas, "não pode ocupar-se de tantas coisas". Tantas necessidades a satisfazer significam tantas coisas a produzir, não há produtos sem produção; tantas coisas a produzir não supõem já a mão de um só homem ajudando a produzi-las. Ora, a partir do momento em que supomos mais de uma mão ajudando a produção, já supomos toda uma produção baseada na divisão do trabalho. Assim, a necessidade, como Proudhon a imagina, implica toda a divisão do trabalho. Ao supor esta, temos a troca, por conseguinte, o valor de troca. Valeria o mesmo ter suposto desde o começo o valor de troca.

Mas Proudhon preferiu fazer um rodeio. Vamos segui-lo em todos os seus desvios, para regressar sempre a seu ponto de partida.

Para sair do estado de coisas em que cada um produz isoladamente e para chegar à troca, "dirijo-me", diz Proudhon, "a meus colaboradores em funções diversas". Portanto, tenho colaboradores, todos eles tendo funções diversas, sem que por isso eu e todos os outros, sempre segundo a suposição de Proudhon, tenhamos saído da posição solitária e pouco social dos Robinsons. Os colaboradores e as funções diversas, a divisão do trabalho e a troca que ela implica já estão ali, caídos do céu.

Resumindo: tenho necessidades fundadas na divisão do trabalho e na troca. Ao supor essas necessidades, Proudhon já supôs a troca, o valor de troca, do qual se propõe precisamente "examinar a gênese com maior cuidado que os outros economistas".

Proudhon teria podido também inverter a ordem das coisas, sem alterar por isso a exatidão de suas conclusões. Para explicar o valor de troca é preciso a troca. Para explicar a troca é necessária a divisão do trabalho. Para explicar a divisão do trabalho são exigidas necessidades que impliquem na divisão do trabalho. Para explicar essas necessidades, é necessário "supô-las", o que não é negá-las, contrariamente ao primeiro axioma do prólogo de Proudhon: "Supor Deus é negá-lo" (Prólogo, parágrafo I).

Como é que Proudhon, para quem a divisão do trabalho é supostamente conhecida, se desdobra para explicar o valor de troca, que para ele permanece sempre desconhecido?

"Um homem vai *propor* a outros homens, seus colaboradores em funções diversas", que estabeleçam a troca e que façam uma distinção entre o valor de uso e o valor de troca. Ao aceitar essa situação proposta, os colaboradores não deixaram a Proudhon maior "cuidado" que o de reconhecer o fato, marcar, "notar", em seu tratado de economia política a "gênese da ideia do valor". Mas continua devendo uma explicação da "gênese" dessa proposta, dizendo enfim como é que esse homem solitário, esse Robinson teve de repente a ideia de fazer "a seus colaboradores" uma proposta do gênero *conhecido* e como é que seus colaboradores a aceitaram sem qualquer protesto.

Proudhon não entra nesses pormenores genealógicos. Dá simplesmente ao fato da troca uma espécie de cunho histórico, apresentando-o sob a forma de uma moção que um terceiro teria feito, tendendo a estabelecer a troca.

Aí vai uma amostra do "método histórico e descritivo" de Proudhon, que demonstra um desprezo soberbo pelo "método histórico e descritivo" dos Adam Smith e dos Ricardo[1].

A troca tem sua própria história. Passou por diferentes fases.

Houve um tempo, como na Idade Média, em que só se trocava o supérfluo, o excedente da produção sobre o consumo.

Houve ainda um tempo em que não só o supérfluo, mas todos os produtos, toda a produção industrial passaram para o comércio, em que toda produção dependia da troca. Como explicar essa segunda fase da troca, o valor venal em sua segunda potência?

Proudhon teria uma resposta já pronta: imaginemos que um homem que tenha "*proposto* a outros homens, seus colaboradores em funções diversas", elevar o valor venal à sua segunda potência.

Sobreveio, finalmente, um tempo em que tudo o que os homens tinham considerado inalienável se tornou objeto de troca, de tráfico e podia ser alienado. É o tempo em que as próprias coisas que até então eram transferidas, mas nunca trocadas; dadas, mas nunca vendidas; adquiridas, mas nunca compradas, virtude, amor, opinião, ciência, consciência, etc. Tudo, enfim, passou para o comércio. É o tempo da corrupção geral, da venalidade universal ou, para falar em termos de economia política, o tempo em que todas as coisas, morais ou físicas, ao serem convertidas em valores venais, são levadas ao mercado para serem apreciadas por seu valor mais justo.

Como explicar ainda essa nova e última fase da troca, o valor venal na sua terceira potência?

---

[1] Adam Smith (1723-1790), economista escocês; David Ricardo (1772-1823), economista inglês de origem portuguesa (NT).

Proudhon teria uma resposta já pronta: imaginemos que uma pessoa tivesse "proposto a outras pessoas, seus colaboradores em funções diversas", fazer da virtude, do amor, etc., um valor venal, elevar o valor de troca à sua terceira e última potência.

Como se vê, o "método histórico e descritivo" de Proudhon serve para tudo, responde a tudo, explica tudo; e mais ainda: se se trata sobretudo de explicar historicamente a "gênese de uma ideia econômica", ele supõe um homem que propõe a outros homens, seus colaboradores em funções diversas, realizar esse ato de criação e já está tudo dito.

Desse momento em diante aceitamos a "geração" do valor de troca como um ato consumado; só resta agora tratar da relação entre o valor de troca e o valor de uso. Escutemos Proudhon:

"Os economistas destacaram muito bem o duplo caráter do valor, mas o que eles não explicaram com a mesma clareza foi sua natureza contraditória; aqui começa nossa crítica... Ter assinalado no valor de uso e no valor de troca esse espantoso contraste, no qual os economistas estão habituados a ver apenas algo muito simples: é preciso mostrar que essa pretensa simplicidade esconde um mistério profundo que temos o dever de esclarecer... Em termos técnicos, o valor de uso e o valor de troca estão na razão inversa um do outro" (Tomo I).

Se compreendemos bem o pensamento de Proudhon, esses são os quatro pontos que ele se propõe estabelecer:

1.º - O valor de uso e o valor de troca oferecem um "contraste espantoso", opõem-se;

2.º - o valor de uso e o valor de troca estão na razão inversa um do outro, em contradição;

3.º - os economistas não viram nem conheceram a oposição nem a contradição;

4.º - a crítica de Proudhon começa pelo fim.

Nós também começaremos pelo fim e, para inocentar os economistas das acusações de Proudhon, deixaremos falar dois importantes economistas.

Sismondi[2]: "É a oposição entre o valor de uso e o valor de troca a que o comércio reduziu tudo, etc." (*Études sur l'economie politique – Estudos sobre a Economia Política*], tomo II).

---

[2] Jean Charles Léonard Simonde de Sismondi (1773-1842), economista suíço (NT).

Lauderdale[3]: "Em geral, a riqueza nacional (o valor de uso) diminui na proporção em que as fortunas individuais crescem pelo aumento do valor venal; e à medida que estas se reduzem pela diminuição desse valor, a primeira geralmente aumenta." (*Recherches sur la nature et l'origine de la richesse publique – Investigações sobre a Natureza e a Origem da Riqueza Pública*; traduzido por Lagentie de Lavaïsse, Paris, 1808).

Sismondi fundou sobre a *oposição* entre o valor de uso e o valor de troca sua principal doutrina, segundo a qual a diminuição do rendimento é proporcional ao crescimento da produção.

Lauderdale fundou seu sistema sobre a razão das duas espécies de valor e sua doutrina era mesmo de tal modo popular no tempo de *Ricardo* que este podia falar dela como de uma coisa geralmente conhecida.

"Confundindo as ideias de valor venal e de riquezas (valor de uso), afirmou-se que, diminuindo a quantidade das coisas necessárias, úteis ou agradáveis para a vida, se podia aumentar as riquezas." (Ricardo, *Des principes de l'economie politique* [*et de l'impôt*] (*Dos Princípios da Economia Política e do Imposto*), traduzido por Constâncio, com notas de Jean-Baptiste Say[4], Paris, 1835; tomo II, cap. "*Sur la valeur et les richesses*" (Sobre o valor e as riquezas).

Vemos que os economistas, antes de Proudhon, "assinalaram" o profundo mistério de oposição e de contradição. Vejamos agora como Proudhon explica por sua vez esse mistério depois dos economistas.

O valor de troca de um produto baixa à medida que a oferta vai crescendo, permanecendo invariável a procura; em outros termos, quanto mais abundante é um produto *em relação à procura*, mais baixo será seu valor de troca ou seu preço. *Vice-versa*: quanto mais fraca é a oferta relativamente à procura, mais subirá seu valor de troca ou o preço do produto oferecido; em outras palavras, quanto maior for a raridade dos produtos oferecidos em relação à procura, maior será sua carestia. O valor de troca de um produto depende de sua abundância ou de sua raridade, mas sempre em relação com

[3] James Maitland, conde de Lauderdale (1759-1839), político e economista inglês (NT).

[4] Jean-Baptiste Say (1767-1832), economista francês (NT).

a procura. Suponhamos um produto mais que raro, único em seu gênero, se é possível: esse produto será mais que abundante, será supérfluo, se não for procurado. Em contrapartida, suponhamos um produto multiplicado por milhões, será sempre escasso se não suprir a procura, isto é, se for procurado em demasia.

Trata-se de verdades, quase banais, poderíamos dizer, e que, no entanto, foi preciso reproduzir aqui para fazer compreender os mistérios de Proudhon.

"De tal modo que, seguindo o princípio até as últimas consequências, se chegaria a concluir, com a maior lógica do mundo, que as coisas cujo uso fosse necessário e a quantidade infinita não deveriam valer nada, enquanto aquelas cuja utilidade fosse nula e a escassez extrema teriam um preço inestimável. Para cúmulo do embaraço, a prática não admite esses extremos: por um lado, nenhum produto poderia jamais atingir o infinito em grandeza; por outro, as coisas mais raras têm que ser úteis em algum grau, sem o que não poderiam ter valor nenhum. O valor de uso e o valor de troca permanecem, pois, fatalmente ligados um ao outro, embora por sua natureza tendam continuamente a se excluir" (Tomo I).

O que leva ao cúmulo a confusão de Proudhon? O fato de ele simplesmente se esquecer da *procura* e que uma coisa não pode ser rara ou abundante quando é procurada. Uma vez posta de lado a procura, ele assimila o valor de troca à *raridade* e o valor de uso à *abundância*. Efetivamente, ao dizer que as coisas "cuja *utilidade é nula* e a *raridade extrema*" têm "um *preço inestimável*", diz simplesmente que o valor de troca não é senão a raridade. "Raridade extrema e utilidade nula" é a raridade pura. "*Preço inestimável*" equivale ao máximo do valor de troca, é o valor de troca puro. Estabelece uma equação entre esses dois termos. Portanto, valor de troca e raridade são termos equivalentes. Ao chegar a essas pretensas "consequências extremas", aconteceu o que Proudhon consegue, com efeito, ter levado ao extremo não as coisas, mas os termos que as expressam, com o que demonstra mais retórica que lógica. Reencontra suas primeiras hipóteses em toda a sua nudez, quando crê ter encontrado novas consequências. Graças ao mesmo procedimento, consegue identificar o valor de uso com a abundância pura.

Depois de haver estabelecido a equação de valor de troca e de raridade, o valor de uso e a abundância, Proudhon fica espantado por não encontrar nem o valor de uso na raridade e no valor de troca, nem o valor de troca na abundância e no valor de uso; ao ver que a prática não admite esses extremos, não pode fazer outra coisa senão acreditar no mistério. Para ele existe um preço inestimável porque não há compradores e nunca os encontrará enquanto fizer abstração da procura.

Por outro lado, a abundância de Proudhon parece ser algo espontâneo. Esquece totalmente que há pessoas que a produzem e que estão interessadas em nunca perder de vista a procura. Se não, como poderia Proudhon dizer que as coisas que são muito úteis devem ter um preço muito baixo ou mesmo não custar nada? Teria de concluir, pelo contrário, que é necessário restringir a abundância, a produção das coisas muito úteis, se porventura se quiser elevar seu preço, o valor de troca.

Os antigos vinicultores da França, ao solicitarem uma lei que proibisse a plantação de novos parreirais; os holandeses, ao queimarem as especiarias da Ásia, ao arrancarem as plantações de cravos-da-índia nas Molucas, queriam simplesmente reduzir a abundância para elevar o valor de troca. Toda a Idade Média, ao limitar por meio de leis o número de companheiros que um só mestre podia ocupar, ao limitar o número de instrumentos que podia empregar, agia segundo o mesmo princípio. (Ver Anderson[5], *História do Comércio*).

Depois de ter representado a abundância como valor de uso e a raridade como valor de troca, nada mais fácil que demonstrar que a abundância e a raridade estão na razão inversa; Proudhon identifica o valor de uso com a *oferta* e o valor de troca com a *procura*. Para tornar a antítese ainda mais nítida, faz uma substituição de termos colocando "*valor de opinião*" no lugar de *valor de troca*. Aí está, pois, como a luta mudou de terreno e temos de um lado a *utilidade* (o valor de uso, a oferta), do outro a *opinião* (o valor de troca, a procura). Essas duas potências opostas uma à outra, quem as conciliará? Como fazer para pô-las de acordo? Seria possível estabelecer entre elas um ponto de comparação?

Certamente, exclama Proudhon, existe um: é a *vontade livre, o arbitrário*. O preço que resultar dessa luta entre a oferta e a procura, entre a utilidade e a avaliação, não será a expressão da justiça eterna.

[5] Adam Anderson (1692-1765), economista escocês (NT).

Proudhon continua a desenvolver essa antítese:

"Em minha qualidade de comprador livre, sou juiz de minha necessidade, juiz da conveniência do objeto, do preço que quero lhe atribuir. Por outro lado, em sua qualidade de produtor livre, você é dono dos meios de execução e, por conseguinte, tem a faculdade de reduzir seus custos" (Tomo I).

E como a procura ou o valor de troca são idênticos à opinião, Proudhon chega a dizer:

"Está provado que é o livre-arbítrio do homem que dá lugar à oposição entre o valor de uso e o valor de troca. Como resolver essa oposição enquanto subsistir o livre-arbítrio? E como sacrificar este, sem sacrificar o homem?" (Tomo I).

Assim, não há resultado possível. Há uma luta entre duas potências, por assim dizer incomensuráveis, entre o útil e a opinião, entre o comprador livre e o produtor livre.

Vejamos as coisas um pouco mais de perto.

A oferta não representa exclusivamente a utilidade, a procura não representa exclusivamente a opinião. Aquele que procura não oferece, por sua vez, um produto qualquer ou sinal representativo de todos os produtos, o dinheiro e, ao oferecê-lo, não representa, segundo Proudhon, a utilidade ou o valor de uso?

Por outro lado, aquele que oferece não procura também um produto, qualquer que seja, ou o sinal representativo de todos os produtos, o dinheiro? E ele não se torna assim o representante da opinião, do valor de opinião ou do valor de troca?

A procura é ao mesmo tempo uma oferta, a oferta é ao mesmo tempo uma procura. Assim a antítese de Proudhon, identificando simplesmente a oferta e a procura, uma com a utilidade e outra com a opinião, repousa apenas numa abstração fútil.

Ao que Proudhon chama valor de uso, outros economistas, com igual razão, denominam valor de opinião. Citaremos apenas Storch[6] (*Cours d'économie politique ou exposition des principes qui determinent la prosperité des nations – Curso de economia política ou exposição dos princípios que determinam a prosperidade das nações*, Paris, 1823, tomo I).

Segundo ele, chama-se *necessidade* as coisas de que sentimos necessidade; chama-se *valores* as coisas a que atribuímos valor. A

---

[6] Andrei Karlovitch Storch (1766-1835), economista e historiador russo (NT).

maioria das coisas apenas tem valor porque essas coisas satisfazem necessidades geradas pela opinião. A opinião sobre nossas necessidades pode mudar, portanto, a utilidade das coisas, que exprime apenas uma relação entre essas coisas e nossas necessidades, pode mudar também. As próprias necessidades naturais mudam continuamente. Que variedade não existe, com efeito, nos objetos que servem de alimento principal entre os diferentes povos!

A luta não se estabelece entre a utilidade e a opinião: ela se estabelece entre o valor venal que procura aquele que oferece e o valor venal que oferece aquele que procura. O valor de troca do produto é sempre a resultante dessas apreciações contraditórias.

Em última análise, a oferta e a procura põem frente a frente a produção e o consumo, mas a produção e o consumo baseados nas trocas individuais.

O produto que é oferecido não é o útil por si mesmo. É o consumidor que comprova sua utilidade. Mesmo quando é reconhecida a qualidade de útil, não se trata exclusivamente do útil. No decorrer da produção foi trocado por todos os custos de produção, tais como as matérias-primas, os salários dos operários, etc., coisas estas que constituem valores venais. O produto representa, portanto, aos olhos do produtor, uma soma de valores venais. O que ele oferece não é somente um objeto útil, mas também e, sobretudo, um valor venal.

Quanto à procura, ela só será efetiva na condição de ter, à sua disposição, meios de troca. Estes meios são produtos, valores venais.

Na oferta e na procura encontramos então, por um lado, um produto que custou valores venais e a necessidade de vender; por outro, meios que custaram valores venais e o desejo de comprar.

Proudhon opõe o *comprador livre* ao *produtor livre*. Atribui a um e a outro qualidades puramente metafísicas. É por isso que diz:

"Está provado que é o livre-arbítrio do homem que dá lugar à oposição entre o valor de uso e o valor de troca" (Tomo I).

O produtor, a partir do momento em que produziu, no interior de uma sociedade fundada sobre a divisão do trabalho e as trocas, e esta é a hipótese de Proudhon, vê-se forçado a vender. Proudhon considera o produtor como dono dos meios de produção; mas concordará conosco que não dependem do *livre-arbítrio*. Mais ainda: esses meios de produção consistem, em grande parte, em produtos que recebe de fora, e na produção moderna nem sequer tem liberdade para produzir a quantidade que quer. O nível atual de desenvolvimento das forças produtivas obriga-o a produzir nesta ou naquela escala.

O consumidor não é mais livre que o produtor. Sua opinião depende de seus meios e de suas necessidades. Tanto uns como outros estão determinados por sua situação social que, por sua vez, depende da organização social em seu conjunto. Sim, o operário que compra batatas e a amante que compra rendas seguem suas respectivas opiniões. Mas a diversidade dessas opiniões se explica pela diferença de posição que ocupam no mundo e que é o produto da organização social.

Fundamenta-se inteiramente o sistema das necessidades na opinião ou em toda a organização da produção? Na maioria das vezes as necessidades nascem diretamente da produção ou de um estado de coisas baseado na produção. O comércio mundial depende quase inteiramente da necessidade da produção, não do consumo individual.

Assim, para dar outro exemplo: a necessidade existente de notários não supõe um direito civil concreto, que não é mais que a expressão de certo desenvolvimento da propriedade, isto é, da produção?

Não basta a Proudhon ter eliminado da relação entre a oferta e a procura os elementos de que acabamos de falar. Ele leva a abstração aos últimos limites, fundindo todos os produtores *num só* produtor, todos os consumidores *num só* consumidor e estabelecendo a luta entre esses dois personagens quiméricos. Mas no mundo real as coisas ocorrem de outro modo. A concorrência entre os que oferecem e a concorrência entre os que procuram formam um elemento necessário da luta entre os compradores e os vendedores, da qual resulta o valor venal.

Depois de ter eliminado os custos de produção e a concorrência, Proudhon já pode a seu gosto reduzir ao absurdo a fórmula da oferta e da procura.

"A oferta e a procura dizem, não é outra coisa senão duas formas cerimoniais que servem para pôr frente a frente o valor de uso e o valor de troca e para provocar sua conciliação. São polos elétricos cuja ligação deve produzir o fenômeno de afinidade chamado troca" (Tomo I).

O que equivale a dizer que a troca é apenas uma "forma cerimonial" para pôr frente a frente o consumidor e o objeto de consumo. É o mesmo que dizer que todas as relações econômicas são "formas cerimoniais" para servir de intermediário ao consumo imediato. A oferta e a procura são relações de uma produção dada, nem mais nem menos que as trocas individuais.

Assim, pois, em que consiste toda a dialética de Proudhon? Em substituir o valor de uso e o valor de troca, a oferta e a procura, por noções abstratas e contraditórias, tais como a raridade e abundância, a utilidade e a opinião, *um* produtor e *um* consumidor, ambos *cavaleiros do livre-arbítrio*.

E aonde ele queria chegar?

Pretende encontrar uma maneira de introduzir mais tarde um dos elementos que havia deixado de lado, os custos de produção, como a síntese entre o valor de uso e o valor de troca. É assim que, a seus olhos, os *custos de produção* constituem o *valor sintético* ou *valor constituído*.

2. O VALOR CONSTITUÍDO OU VALOR SINTÉTICO

"O valor (venal) é a pedra angular do edifício econômico" (Tomo I). O valor "*constituído*" é a pedra angular do sistema das contradições econômicas.

Que vem a ser, pois, esse "*valor constituído*" que constitui toda a descoberta de Proudhon em economia política?

Uma vez admitida a utilidade, o trabalho é a fonte do valor. A medida do trabalho é o tempo. O valor relativo dos produtos é determinado pelo tempo de trabalho que foi necessário empregar para produzi-los. O preço é a expressão monetária do valor relativo de um produto. Enfim, o valor *constituído* de um produto é simplesmente o valor que se constitui mediante o tempo de trabalho nele fixado.

Como Adam Smith descobriu a *divisão do trabalho*, Proudhon pretende haver descoberto o "*valor constituído*". Não se trata precisamente de "algo inaudito", mas é também de se concordar que nada há de inaudito em nenhuma descoberta da ciência econômica. Proudhon, que sente toda a importância de sua invenção, trata, no entanto, de atenuar o mérito "a fim de tranquilizar o leitor sobre suas pretensões de originalidade e de reconciliar os espíritos cuja timidez torna pouco favoráveis às novas ideias".

Mas, à medida que estabelece o que cada um de seus predecessores fez pela avaliação do valor, vê-se levado com naturalidade a confessar bem alto que lhe cabe a melhor, a parte do leão.

"A ideia sintética do valor tinha sido percebida vagamente por Adam Smith... Mas esta ideia do valor era nele inteiramente intuitiva: ora, a sociedade não muda seus hábitos prestando fé a intuições: ela só se decide a partir da autoridade dos fatos. Era necessário que a antinomia se expressasse de uma maneira mais sensível e mais nítida: Jean-Baptiste Say foi seu principal intérprete" (Tomo I).

Esta é a história pronta e acabada da descoberta do valor sintético: em Adam Smith a intuição vaga, em Jean-Baptiste Say a antinomia, em Proudhon a verdade constituinte e "constituída". E que ninguém se iluda: todos os outros economistas, de Say a Proudhon, nada mais fizeram do que se arrastar na trilha da antinomia.

"É incrível que tantos homens de bom senso se debatam há quarenta anos contra uma ideia tão simples. Mas não, a comparação dos valores se efetua sem que haja entre eles qualquer ponto de comparação e sem unidade de medida: isso é o que os economistas do século XIX resolveram defender contra tudo e contra todos, em vez de abraçar a teoria revolucionária da igualdade. Que dirá disso a posteridade?" (Tomo I).

A posteridade, tão bruscamente apostrofada, começará por se confundir quanto à cronologia. Deve necessariamente se interrogar: então Ricardo e sua escola não são economistas do século XIX? O sistema de Ricardo, que coloca como princípio "*que o valor relativo das mercadorias depende exclusivamente da quantidade de trabalho requerida para a sua produção*", data de 1817. Ricardo é o chefe da escola, que reina na Inglaterra desde a Restauração. A doutrina ricardiana resume rigorosa e inexoravelmente toda a burguesia inglesa, que é ela própria o tipo da burguesia moderna. "Que dirá disso a posteridade?" Certamente não dirá que Proudhon não conheceu Ricardo, pois, fala dele e fala longamente, regressa sempre a ele e acaba por dizer que é "lixo". Se alguma vez a posteridade se interessar por isso, dirá talvez que Proudhon, temeroso de chocar a anglofobia de seus leitores, preferiu tornar-se o editor responsável das ideias de Ricardo. Seja como for, achará muito ingênuo que Proudhon apresente como "teoria revolucionária do futuro" aquilo que Ricardo expôs cientificamente como a teoria da sociedade atual, da sociedade burguesa e que tome assim pela solução da antinomia entre a utilidade e o valor de troca aquilo que Ricardo e sua escola apresentaram muito tempo antes dele como a fórmula científica de um só lado da antinomia, do *valor de troca*. Mas deixemos para sempre a posteridade de lado e confrontemos Proudhon com seu predecessor Ricardo. Algumas passagens deste autor, que resumem sua doutrina sobre o valor, são suficientes:

"Não é a utilidade que é a medida do valor de troca, ainda que lhe seja absolutamente necessária" (Ricardo, *Príncipes de l'économie politique*, etc., traduzido do inglês por F.S. Constancio , Paris, 1835, tomo I).

"As coisas, uma vez reconhecidas úteis por si próprias, derivam seu valor de troca de duas fontes: de sua raridade e da quantidade de trabalho necessário para adquiri-las. Existem coisas cujo valor depende exclusivamente de sua raridade. Nenhum trabalho poderia aumentar sua quantidade, razão pela qual seu valor não pode baixar por causa de sua maior abundância. É o caso das estátuas, dos quadros preciosos, etc. Seu valor depende unicamente das faculdades, dos gostos e do capricho das pessoas que desejam possuir esses objetos" (Idem).

"No entanto, não passam de uma quantidade muito pequena das mercadorias que são trocadas diariamente. Sendo o maior número dos objetos que se deseja possuir, por ser fruto da indústria, podem ser multiplicados, não apenas num país, mas em vários, num grau a que é quase impossível fixar limites, de todas as vezes que quisermos empregar a indústria necessária para criá-los" (Idem).

"Assim, pois, quando falamos de mercadorias, de seu valor de troca e dos princípios que regulam seu preço relativo, não temos em vista senão aquelas mercadorias cuja quantidade pode aumentar mediante a indústria humana, cuja produção é estimulada pela concorrência e que não é dificultada por nenhum entrave" (Idem).

Ricardo cita Adam Smith que, segundo ele, "definiu com muita precisão a origem primitiva de todo valor de troca" (Smith, I, cap. V), acrescentando:

"Qualquer que seja na realidade a base do valor de troca de todas as coisas (isto é, o tempo de trabalho), exceto daquelas que a indústria humana não pode multiplicar à vontade, é um ponto de

doutrina da mais alta importância em economia política, pois não há fonte de onde tenham brotado tantos erros e de onde tenham surgido tantas opiniões diversas nesta ciência, como o sentido vago e pouco preciso que se atribui à palavra valor" (Tomo I). *"Se é a quantidade de trabalho fixada numa coisa que regula seu valor de troca, se deduz que todo aumento na quantidade de trabalho deve necessariamente aumentar o valor do objeto no qual ele tenha sido empregado e, do mesmo modo, toda diminuição de trabalho deve diminuir seu preço"* (Tomo I).

Ricardo censura em seguida Adam Smith:

1. – *"Por atribuir ao valor uma medida diferente do trabalho, ora o valor do trigo, ora a quantidade de trabalho que uma coisa pode comprar"*, etc. (Tomo I).

2. – *"Por ter admitido sem reservas o princípio e por restringir, entretanto, sua aplicação ao estado primitivo e grosseiro da sociedade, que precede a acumulação de capitais e a propriedade das terras"* (Idem).

Ricardo procura demonstrar que a propriedade das terras, isto é, a renda, não poderia mudar o valor relativo dos gêneros e que a acumulação de capitais exerce apenas uma ação passageira e oscilante sobre os valores relativos, determinados pela quantidade comparativa de trabalho empregado em sua produção. Apoiando esta tese, apresenta sua famosa teoria da renda fundiária, decompõe o capital e, em última análise, acaba por não encontrar nele mais que trabalho acumulado. Desenvolve em seguida toda uma teoria do salário e do lucro e demonstra que o salário e o lucro têm seus movimentos de alta e de baixa, em razão inversa um do outro, sem influir no valor relativo do produto. Não esquece a influência que a acumulação de capitais e a diferença de sua natureza (capitais fixos e capitais circulantes), assim como a taxa dos salários, podem exercer sobre o valor proporcional dos produtos. Estes são realmente os principais problemas que ocupam Ricardo.

---

[7] Ricardo, como é conhecido, determina o valor de uma mercadoria pela "quantidade de trabalho necessária para sua produção". A forma de troca predominante em todo o sistema de produção fundado na produção de mercadorias e, portanto, também no sistema capitalista, implica, porém, que este valor não seja expresso diretamente em quantidades de trabalho, mas em quantidades de uma mercadoria. O valor de uma mercadoria expresso por certa quantidade de outra mercadoria (quer seja dinheiro ou não) chama-se em Ricardo seu valor reiativo (*Nota de Engels à edição alemã de 1885*).

"Qualquer economia no trabalho, diz ele, nunca deixa de fazer baixar o valor relativo[7] *de uma mercadoria, quer essa economia recaia sobre o trabalho necessário à fabricação do próprio objeto, quer recaia sobre o trabalho necessário à formação do capital empregado nessa produção"* (Tomo I). *"Assim sendo, enquanto uma jornada de trabalho continuar a dar a um a mesma quantidade de peixe e a outro, um tanto equivalente em caça, a taxa dos preços respectivos de troca permanecerá sempre a mesma, qualquer que seja, por outro lado, a variação nos salários e no lucro e apesar de todos os efeitos da acumulação do capital"* (Tomo I). *"Consideramos o trabalho como fundamento do valor das coisas e a quantidade de trabalho necessário para sua produção como a regra que determina as quantidades respectivas de mercadorias que devem ser trocadas por outras: mas não pretendemos negar que, no preço corrente das mercadorias, se dê alguma variação acidental e passageira desse preço primitivo e natural"* (Tomo I). *"São os custos de produção que regulam, em última análise, os preços das coisas e não, como frequentemente se pretendeu, a proporção entre oferta e a procura"* (Tomo II).

Lauderdale tinha desenvolvido as variações do valor de troca segundo a lei da oferta e da procura ou da raridade e da abundância relativamente à procura. Segundo ele, o valor de uma coisa pode aumentar quando sua quantidade diminui ou sua procura aumenta; pode diminuir em razão do aumento de sua quantidade ou em razão da diminuição da procura.

Assim, o valor de uma coisa pode mudar pela operação de oito causas diferentes, ou seja, das quatro causas aplicadas a essa mesma coisa e das quatro causas aplicadas ao dinheiro ou a qualquer outra mercadoria que sirva de medida de seu valor. Ricardo contrapõe a seguinte posição:

"Os produtos cujo monopólio depende de um particular ou de uma companhia variam de valor segundo a lei que Lauderdale estabeleceu: baixam na proporção em que são oferecidos em maior quantidade e sobem com o desejo que os compradores mostram de adquiri-los; seu preço não tem nenhuma relação necessária com seu valor natural. Mas quanto às coisas que estão sujeitas à concorrência entre os vendedores e cuja quantidade pode aumentar dentro de limites moderados, seu preço depende em definitivo não

do estado da procura e do abastecimento, mas do aumento ou da diminuição dos custos de produção" (Tomo II).

Deixaremos ao leitor o cuidado de fazer a comparação entre a linguagem tão precisa, tão clara, tão simples de Ricardo e os esforços retóricos de Proudhon para chegar à determinação do valor relativo pelo tempo de trabalho.

Ricardo mostra o movimento real da produção burguesa que constitui o valor. Proudhon, fazendo abstração desse movimento real, "se agita" para inventar novos processos, a fim de organizar o mundo segundo uma fórmula pretensamente nova que não é mais que a expressão teórica do movimento real existente e tão bem exposto por Ricardo. Ricardo toma seu ponto de partida na sociedade atual, para demonstrar como ela constitui o valor; Proudhon toma como ponto de partida o valor constituído, para constituir um novo mundo social por meio desse valor. Para Proudhon, o valor constituído deve dar a volta e tornar-se de novo constituinte para um mundo já totalmente constituído segundo esse modo de avaliação. A determinação do valor pelo tempo de trabalho é, para Ricardo, a lei do valor de troca; para Proudhon, ela é a síntese do valor de uso e do valor de troca.

A teoria dos valores de Ricardo é a interpretação científica da vida econômica atual; a teoria dos valores de Proudhon é a interpretação utópica da teoria de Ricardo. Ricardo constata a verdade de sua fórmula fazendo-a derivar de todas as relações econômicas e explicando por esse meio os fenômenos, mesmo aqueles que, à primeira vista, parecem contradizê-la, como a renda, a acumulação de capitais e a relação entre os salários e os lucros; isso é precisamente o que faz de sua doutrina um sistema científico; Proudhon, que redescobriu esta fórmula de Ricardo por meio de hipóteses totalmente arbitrárias, é forçado depois a procurar fatos econômicos isolados que tortura e falsifica, a fim de fazê-los passar por exemplos, aplicações já existentes, indícios de realização de sua ideia regeneradora (ver adiante, parágrafo 3.º).

Passemos agora às conclusões que Proudhon tira do valor constituído (pelo tempo de trabalho).

– Certa quantidade de trabalho equivale ao produto criado por essa mesma quantidade de trabalho.

– Cada jornada de trabalho vale outra jornada de trabalho; isto é, para quantidade igual, o trabalho de um equivale ao trabalho de outro. Não há diferença qualitativa. Para quantidade igual de trabalho, o produto de um é dado em troca pelo produto de outro. Todos os homens são trabalhadores assalariados e assalariados igualmente pagos por um tempo de trabalho igual. A igualdade perfeita preside às trocas.

Estas conclusões são as consequências naturais, rigorosas, do valor "constituído" ou determinado pelo tempo de trabalho?

Se o valor relativo de uma mercadoria é determinado pela quantidade de trabalho requerida para produzir, segue-se naturalmente que o valor relativo do trabalho ou o salário é igualmente determinado pela quantidade de trabalho que é necessário para produzir o salário. O salário, isto é, o valor relativo ou o preço de trabalho é determinado, pois, pelo tempo de trabalho exigido para produzir tudo o que é necessário para a manutenção do operário:

"Diminuam os gastos de fabricação dos chapéus e seu preço acabará por cair para seu novo preço natural, mesmo que a procura duplique, triplique ou quadruplique. Se diminuirmos os custos de manutenção dos homens, diminuindo o preço natural da alimentação e do vestuário que sustentam a vida, veremos como os salários acabam por baixar, mesmo que a procura de braços aumente consideravelmente" (Ricardo, Tomo II).

Certamente, a linguagem de Ricardo é o que há de mais cínico. Pôr na mesma linha os custos de fabricação de chapéus e os custos de manutenção do homem significa transformar o homem em chapéu. Mas não gritemos tanto contra o cinismo. O cinismo está nas coisas e não nas palavras que exprimem as coisas. Escritores franceses como Droz, Blanqui, Rossi[8] e outros procuram a inocente satisfação de provar sua superioridade sobre os economistas ingleses tratando de guardar a etiqueta de uma linguagem "humanitária": se eles censuram Ricardo e sua escola por sua linguagem cínica, é porque se sentem incomodados ao ver expostas as relações econômicas em toda a sua crueza, ao ver traídos os mistérios da burguesia.

Vamos resumir: o trabalho, sendo ele próprio mercadoria, mede-se como tal pelo tempo de trabalho que é preciso para produzir o trabalho-mercadoria. E o que é necessário para produzir o trabalho-

[8] François-Xavier-Joseph Droz (1773-1851), historiador, filósofo e economista francês; Jérôme-Adolphe Blanqui (1798-1854), economista e político francês; Pellegrino Luigi Edoardo Rossi (1787-1848), economista e político italiano naturalizado francês (NT).

mercadoria? Justamente aquilo que é necessário de tempo de trabalho para produzir os objetos indispensáveis à manutenção incessante do trabalho, isto é, para fazer viver o trabalhador e para colocá-lo em condições de propagar sua raça. O preço natural do trabalho não é outra coisa senão o mínimo de salário[9]. Se o preço corrente do salário se eleva acima do preço atual, é precisamente porque a lei do valor, estabelecida em princípio por Proudhon, é contrabalançada pelas consequências das variações da relação entre a oferta e a procura. Mas o mínimo do salário não deixa, de nenhum modo, de constituir o centro em torno do qual gravitam os preços correntes do salário.

Assim, o valor relativo, medido pelo tempo de trabalho, é fatalmente a fórmula da escravidão moderna do operário, em vez de ser, como quer Proudhon, a "teoria revolucionária" da emancipação do proletariado.

Vejamos agora em quantos casos a aplicação do tempo de trabalho como medida do valor é incompatível com o antagonismo existente das classes e a desigual distribuição do produto entre o trabalhador imediato e o possuidor de trabalho acumulado.

Suponhamos um produto qualquer, por exemplo, o tecido. Este produto, como tal, encerra uma quantidade de trabalho determinada. Essa quantidade de trabalho será sempre a mesma, seja qual for a situação recíproca dos que concorreram para criar esse produto.

Consideremos outro produto: a lã, que tenha exigido a mesma quantidade de trabalho que o tecido.

Se há troca desses dois produtos, há troca de quantidades iguais de trabalho. Trocando essas quantidades iguais de tempo de trabalho,

---

[9] A fórmula segundo a qual o preço "natural", isto é, normal, da força de trabalho coincide com o salário mínimo, isto é, com o equivalente em valor dos meios de vida absolutamente necessários para a existência e reprodução do operário, esta fórmula foi pela primeira vez apresentada por mim nos *Umrisse zu einer Kritik der Nationalökonomie – Esboços para uma Crítica da Economia Nacional (Deutsch-Französische Jahrbucher – Anais Franco-Alemães)*, Paris, 1844 e na *Lage der arbeitenden Klasse in England* (*Situação das Classes Trabalhadoras na Inglaterra*). Como aqui se vê, Marx tinha aceitado essa fórmula. Lassalle tomou-a de nós. Mas se é certo que na realidade o salário tenha a constante tendência para se aproximar de seu mínimo, a fórmula citada não deixa de ser falsa. O fato de a força de trabalho ser, em regra geral e em média, paga abaixo de seu valor não pode modificar a este. Em *Das Kapital* (*O Capital*), Marx não só retificou essa proposição (seção "Compra e venda da força de trabalho"), como também desenvolveu as circunstâncias que permitem à produção capitalista fazer baixar cada vez mais o preço da força de trabalho (capítulo XXIII. "A lei geral da acumulação capitalista") (*Nota de Engels à edição alemã de 1885*).

não se altera a situação recíproca dos produtores, como tampouco varia no que quer que seja a situação dos operários e dos fabricantes entre si. Dizer que essa troca de produtos medidos pelo tempo de trabalho tem como consequência a retribuição igualitária de todos os produtores é supor que a igualdade de participação no produto subsistiu anteriormente à troca. Desde que a troca de lã pelo tecido se realize, os produtores de lã participarão no tecido em proporção igual àquela na qual, anteriormente, haviam participado na lã.

A ilusão de Proudhon provém do fato de tomar como consequência aquilo que, quando muito, não poderia ser mais que uma suposição gratuita.

Vamos adiante.

O tempo de trabalho como medida de valor supõe, pelo menos, que as jornadas são *equivalentes* e que a jornada de um vale a jornada de outro? Não.

Suponhamos por um momento que a jornada de um joalheiro equivale a três jornadas de um tecelão; a verdade é que toda mudança do valor das joias em relação aos tecidos, a menos que seja o resultado passageiro das oscilações da procura e da oferta, deve ter por causa uma diminuição ou um aumento do tempo de trabalho utilizado de um lado ou do outro da produção. Se três dias de trabalho de diferentes trabalhadores estão entre si como 1, 2, 3, toda mudança no valor relativo de seus produtos implicará uma alteração nesta proporção de 1, 2, 3. Desse modo, pode-se medir os valores pelo tempo de trabalho, apesar da desigualdade do valor das diferentes jornadas de trabalho; mas, para aplicar essa medida, necessitamos de uma escala comparativa das diferentes jornadas de trabalho: é a concorrência que estabelece essa escala.

Sua hora de trabalho vale a minha? É uma questão que se discute por meio da concorrência.

A concorrência, segundo um economista americano, determina quantas jornadas de trabalho simples estão contidas numa jornada de trabalho complexo. Essa redução de jornadas de trabalho complexo a jornadas de trabalho simples, o que se toma o próprio trabalho simples como medida de valor? Considerar unicamente a quantidade de trabalho como medida de valor independentemente da qualidade supõe, por sua vez, que o trabalho simples se tornou o eixo da indústria. Ela supõe que os trabalhos se equipararam pela subordinação do homem à máquina ou pela divisão extrema do trabalho; que os homens se apagam diante do trabalho; que o pêndulo do relógio se tornou a medida exata da atividade relativa de dois operários, do mesmo modo que o é da velocidade de duas locomotivas. Então, não se deve dizer que uma hora de um homem vale uma hora de outro homem, mas antes que um homem de uma hora vale outro homem de uma hora. O tempo é tudo, o homem já não é nada; é, quando muito, a carcaça do tempo. A qualidade já não interessa. A quantidade sozinha decide tudo: hora por hora, jornada por jornada; mas essa igualização do trabalho não é obra da eterna justiça de Proudhon; é simplesmente o resultado da indústria moderna.

Na oficina automática, o trabalho de um operário quase não se distingue em nada do trabalho de outro operário; os operários já não podem distinguir-se entre si senão pela quantidade de tempo que empregam em trabalhar. No entanto, essa diferença quantitativa se torna, sob certo ponto de vista, qualitativa, à medida que o tempo que se dedica ao trabalho depende, em parte, de causas puramente materiais, como a constituição física, a idade, o sexo; em parte, das causas morais puramente negativas, como a paciência, a impassibilidade, a assiduidade. Enfim, se há uma diferença de qualidade no trabalho dos operários trata-se, quando muito, de uma qualidade da pior qualidade, que está longe de ser uma especialidade distintiva. É nisso, em última análise, que reside o estado das coisas na indústria moderna. É sobre essa igualdade já realizada do trabalho automático que Proudhon aplica sua plaina da "igualização", que se propõe realizar universalmente no "futuro".

Todas as consequências "igualitárias" que Proudhon extrai da doutrina de Ricardo repousam sobre um erro fundamental. É que ele confunde o valor das mercadorias medido pela quantidade de trabalho nelas fixado com o valor das mercadorias medido pelo "valor do trabalho". Se essas duas maneiras de medir o valor das mercadorias se confundissem numa só, se poderia dizer indiferentemente: o valor relativo de uma mercadoria qualquer é medido pela quantidade de trabalho nela fixado; ou então: é medido pela quantidade de trabalho que ela é capaz de comprar; ou ainda: é medido pela quantidade de trabalho que é capaz de adquiri-la. Mas está longe de ser assim. O valor do trabalho não seria mais conveniente para medir o valor do que o valor de qualquer outra mercadoria. Alguns exemplos bastarão para explicar melhor ainda o que acabamos de dizer.

Se uma meda de trigo custasse duas jornadas de trabalho em vez de uma só, teria o dobro de seu valor primitivo; mas não poria em movimento o dobro da quantidade de trabalho, pois, não conteria mais a matéria nutritiva que antes. Assim, o valor do trigo medido pela quantidade de trabalho empregado para produzi-lo teria duplicado; mas medido, seja pela quantidade de trabalho que pode comprar, seja pela quantidade de trabalho pela qual pode ser comprado, estaria longe de ter duplicado. Por outro lado, se o mesmo trabalho produzisse o dobro de peças de vestuário que antes, seu valor relativo cairia pela metade; essa dupla quantidade de peças de vestuário, contudo, não ficaria por isso reduzida a comprar apenas metade da quantidade de trabalho ou o mesmo trabalho não poderia comprar o dobro de peças de vestuário; pois, metade das peças de vestuário continuaria a prestar ao operário o mesmo serviço que antes.

Assim, determinar o valor relativo dos produtos pelo valor de trabalho vai contra os fatos econômicos. É mover-se num círculo vicioso, é determinar o valor relativo por um valor relativo que, por sua vez, precisa ser determinado.

É fora de dúvida que Proudhon confunde as duas medidas; a medida pelo tempo de trabalho necessário para a produção de uma mercadoria e a medida pelo valor do trabalho.

"O trabalho de qualquer homem, diz ele, pode comprar o valor que contém" (Tomo I).

Assim, segundo ele, certa quantidade de trabalho fixada num produto equivale à retribuição do trabalhador, isto é, ao valor do trabalho. É ainda a mesma razão que o autoriza a confundir os custos de produção com os salários.

"Que é o salário? É o preço de custo do trigo, etc., é o preço integrante de todas as coisas." Vamos mais longe ainda: *"O salário é a proporcionalidade dos elementos que compõem a riqueza"* (Tomo I).

Que é o salário? – É o valor do trabalho.

Adam Smith toma como medida do valor ora o tempo de trabalho necessário à produção de uma mercadoria, ora o valor do trabalho. Ricardo desvendou este erro fazendo ver claramente a disparidade dessas duas maneiras de medir. Proudhon vai além do erro de Adam

Smith ao identificar as duas coisas, de que o outro apenas se havia limitado a justapor.

É para encontrar a justa proporção em que os operários devem participar dos produtos ou, em outras palavras, para determinar o valor relativo do trabalho, que Proudhon procura uma medida do valor relativo das mercadorias. Para determinar a medida do valor relativo das mercadorias, não imagina nada de melhor que dar como equivalente de certa quantidade de trabalho a soma dos produtos que ele criou, o que leva a supor que toda a sociedade consiste apenas em trabalhadores imediatos, que recebem como salário seu próprio produto. Em segundo lugar, estabelece de fato a equivalência das jornadas dos diversos trabalhadores. Em resumo, procura a medida do valor relativo das mercadorias para encontrar a retribuição igual dos trabalhadores e toma a igualdade dos salários como dado já estabelecido para se por à procura do valor relativo das mercadorias. Que admirável dialética!

"Say e os economistas que o seguiram observaram que o trabalho, estando ele próprio sujeito à avaliação, sendo uma mercadoria como qualquer outra, seria cair num círculo vicioso se a considerássemos como princípio e causa eficiente do valor. Esses economistas, deixem-me dizê-lo, deram assim provas de uma prodigiosa falta de atenção. Do trabalho se diz que vale não como mercadoria propriamente, mas tendo em vista os valores que se supõe nele potencialmente contidos. O valor do trabalho é uma expressão figurada, uma antecipação da causa sobre o efeito. É uma ficção, ao mesmo título que a produtividade do capital. O trabalho produz, o capital vale... Por uma espécie de elipse, fala-se do valor do trabalho... O trabalho, como a liberdade... é uma coisa vaga e indeterminada por natureza, mas que se define qualitativamente por seu objeto, isto é, torna-se uma realidade pelo produto. Mas será necessário insistir? A partir do momento em que o economista (leia-se Proudhon) *muda o nome das coisas,* vera rerum vocabula *(os termos verdadeiros das coisas), confessa implicitamente sua impotência e se coloca-se fora de causa"* (Proudhon, tomo I).

Vimos como Proudhon faz do valor do trabalho a "causa eficiente" do valor dos produtos, a ponto de que para ele o *salário*, nome oficial do "valor do trabalho", forma o preço integrante de todas as coisas. É por isso que a objeção de Say o perturba. No trabalho-mercadoria, que é de uma realidade assustadora, vê apenas uma elipse gramatical. Assim, toda a sociedade atual, baseada no trabalho-mercadoria, passa a basear-se numa licença poética, numa expressão figurada. A sociedade quer "eliminar todos os inconvenientes" que a atormentam? Pois bem, que elimine os termos inconvenientes, que mude a linguagem e para isso basta dirigir-se à Academia, pedindo uma nova edição de seu dicionário. Depois de tudo o que acabamos de ver, é fácil compreender por que é que Proudhon, numa obra de economia política, teve de entrar em longas dissertações sobre a etimologia e outras partes da gramática. Por isso ainda não ultrapassou a fase de discutir sabiamente a derivação de *servus* a *servare*. Essas dissertações filológicas têm um sentido profundo, um sentido esotérico, constituem parte essencial da argumentação de Proudhon.

O trabalho, à medida que se vende e se compra, é uma mercadoria como qualquer outra e tem, por conseguinte, um valor de troca. Mas o valor do trabalho ou o trabalho como mercadoria produz tão pouco quanto o valor do trigo ou o trigo, considerado como mercadoria, serve de alimento.

O trabalho "vale" mais ou menos, à medida que gêneros alimentícios estejam mais caros ou mais baratos, segundo a oferta e a procura de braços se apresentem neste ou naquele grau, etc.

O trabalho não é uma "coisa vaga"; é sempre um trabalho determinado, não é nunca o trabalho em geral que se vende ou se compra. Não é somente o trabalho que se define qualitativamente pelo objeto, é também o objeto que é determinado pela qualidade específica do trabalho.

O trabalho, à medida que se vende e se compra, é ele próprio mercadoria. Por que é comprado? "Em vista dos valores que se supõe existir nele potencialmente contidos." Mas se porventura se diz que tal coisa é uma mercadoria, não interessa mais o objetivo com o qual é comprada, isto é, a utilidade que se quer tirar dela, a aplicação que se quer fazer dela. É mercadoria como objeto de tráfico. Todos os raciocínios de Proudhon se limitam a isto: não se compra o trabalho como objeto imediato de consumo. Não, ele é comprado como instrumento de produção, como se compraria uma máquina. Como mercadoria, o trabalho vale e não produz. Proudhon também poderia ter dito que não existe mercadoria, visto que toda mercadoria é adquirida apenas com um objetivo de utilidade qualquer e nunca como mercadoria em si mesma.

Quando mede o valor das mercadorias pelo trabalho, Proudhon vislumbra vagamente a impossibilidade de subtrair a essa mesma medida o trabalho que apresenta um valor, o trabalho-mercadoria. Ele pressente que é fazer do mínimo do salário o preço natural e normal do trabalho imediato, que é aceitar o estado atual da sociedade. Por isso, para fugir a essa consequência fatal, muda de opinião e julga que o trabalho não é uma mercadoria, que não pode ter um valor. Esquece-se que ele próprio tomou como medida o valor do trabalho, esquece-se que todo o seu sistema repousa sobre o trabalho-mercadoria, no trabalho que permuta, se vende e se compra, se troca por produtos, etc.; sobre o trabalho, enfim, que é uma fonte imediata de rendimento para o trabalhador. Ele se esquece de tudo.

Para salvar seu sistema consente em sacrificar sua base.

Et propter vitam vivendi perdere causas! (E por causa da vida perder as razões de viver! – Juvenal[10], *Sátiras*, 8, 84).

Chegamos agora a uma nova determinação do "valor *constituído*".

"O valor é a relação de proporcionalidade dos produtos que compõem a riqueza" (Tomo I).

Notemos em primeiro lugar que a simples expressão "valor relativo ou de troca" implica a ideia de uma relação qualquer, na qual os produtos se trocam reciprocamente. O fato de se dar a essa relação o nome de "relação de proporcionalidade" não muda em nada o valor relativo, exceto em sua expressão. Nem a depreciação, nem a falta de valor de um produto destroem a qualidade que ele tem de se encontrar numa "relação de proporcionalidade" qualquer com os outros produtos que formam a riqueza.

Por que razão então esse novo termo não traz uma ideia nova?

A "relação de proporcionalidade" leva a pensar em muitas outras relações econômicas, como a proporcionalidade da produção, a justa proporção entre a oferta e a procura, etc.; e Proudhon pensou em tudo isso ao formular essa paráfrase didática do valor venal.

Em primeiro lugar, sendo o valor relativo dos produtos determinado pela quantidade comparativa do trabalho empregado na produção de cada um deles, a relação de proporcionalidade, aplicada

---

[10] Decimus Junius Juvenalis (60-130), poeta latino, autor de *Satirae* – Sátiras (NT).

a este caso especial, significa a quantidade respectiva dos produtos que podem ser fabricados num dado tempo e que, por conseguinte, podem ser trocados.

Vejamos agora que conclusão Proudhon tira dessa relação de proporcionalidade.

Todos sabem que, quando a oferta e a procura se equilibram, o valor relativo de um produto qualquer é exatamente determinado pela quantidade de trabalho nele fixada, isto é, este valor relativo exprime a relação de proporcionalidade precisamente no sentido que acabamos de lhe conferir. Proudhon inverte a ordem das coisas. Comecem, diz ele, por medir o valor relativo de um produto pela quantidade de trabalho nele fixada e então a oferta e a procura ficarão infalivelmente equilibradas. A produção corresponderá ao consumo, o produto será sempre permutável. Seu preço corrente exprimirá exatamente seu justo valor. Em vez de dizer como todos: quando o tempo está bom, pode-se ver muita gente a passeando, Proudhon faz passear toda a sua gente para poder garantir-lhe um bom tempo.

Aquilo que Proudhon apresenta como consequência do valor venal determinado *a priori* pelo tempo de trabalho só poderia justificar-se por uma lei redigida mais ou menos nestes termos:

Os produtos serão doravante trocados na razão exata do tempo de trabalho que custaram. Seja qual for a proporção entre a oferta e a procura, a troca de mercadorias se fará sempre como se elas tivessem sido produzidas proporcionalmente à procura. Resolva-se Proudhon a formular e fazer aprovar essa lei e então o dispensaremos das provas. Se, pelo contrário, ele fizer questão de justificar sua teoria, não como legislador, mas como economista, terá de provar que o *tempo* necessário para criar uma mercadoria indica exatamente seu grau de *utilidade* e assinala sua relação de proporcionalidade com a procura, por conseguinte, com o conjunto das riquezas. Nesse caso, se um produto for vendido por um preço igual a seu custo de produção, a oferta e a procura acabarão por se equilibrar, pois, o custo de produção é considerado capaz de exprimir a verdadeira relação entre a oferta e a procura.

Proudhon se empenha em provar, de fato, que o tempo de trabalho necessário para criar um produto assinala sua justa proporção relativamente às necessidades, de tal modo que as coisas cuja produção custa menos tempo são as mais imediatamente úteis, e assim sucessivamente, de modo gradual. Basta a produção de um objeto de luxo para provar, segundo esta doutrina, que a sociedade tem tempo de sobra que lhe permite satisfazer uma necessidade de luxo.

Proudhon encontra a própria prova de sua tese na observação de que as coisas mais úteis custam menos tempo de produção, que a sociedade começa sempre pelas indústrias mais fáceis e que sucessivamente ela "se entrega à produção dos objetos que custam mais tempo de trabalho e que correspondem às necessidades de uma ordem mais elevada" (Tomo I).

Proudhon vai buscar em Dunoyer[11] o exemplo da indústria extrativa – produção da atividade pastoril, caça, pesca, etc. – que é a indústria mais simples, a que custa menos e pela qual o homem começou "no primeiro dia de sua segunda criação" (Tomo I). O primeiro dia de sua primeira criação está consignado no livro do Gênesis e que nos faz ver em Deus o primeiro industrial do mundo.

As coisas se passam de modo completamente diferente do que pensa Proudhon. No próprio momento em que a civilização começa, começa a produção a basear-se no antagonismo das ordens, dos estados, das classes, enfim, no antagonismo do trabalho acumulado e do trabalho imediato. Sem antagonismo não há progresso. Essa a lei que a civilização seguiu até nossos dias. Até o presente as forças produtivas se desenvolveram graças a esse regime do antagonismo das classes. Dizer agora que, estando satisfeitas todas as necessidades de todos os trabalhadores, os homens podiam dedicar-se à criação de produtos de uma ordem superior, às indústrias mais complicadas, seria abstrair do antagonismo das classes e subverter todo o desenvolvimento histórico. É como se se quisesse dizer que como se alimentavam moreias em piscinas artificiais, no tempo dos imperadores romanos, havia com que alimentar abundantemente toda a população romana; a verdade é que, pelo contrário, faltava ao povo romano o necessário para comprar o pão, ao passo que aos aristocratas romanos não faltavam escravos para serem dados como alimento às moreias.

O preço dos alimentos subiu quase continuamente, ao passo que o preço dos objetos manufaturados e de luxo baixou quase continuamente. Considerem a própria indústria agrícola: os produtos

[11] Barthélemy-Charles Pierre Joseph Dunoyer (1786-1862), economista e político francês (NT).

mais indispensáveis, como o trigo, a carne, etc., aumentam de preço, ao passo que o algodão, o açúcar, o café, etc., baixam continuamente numa proporção surpreendente. E mesmo entre os comestíveis propriamente ditos, os artigos de luxo como as alcachofras, os aspargos, etc., são hoje relativamente mais baratos que os comestíveis de primeira necessidade. Em nossa época, o supérfluo é mais fácil de produzir que o necessário. Enfim, em diversas épocas históricas, as relações recíprocas dos preços não só são diferentes, mas opostas. Em toda a Idade Média, os produtos agrícolas eram relativamente mais baratos que os produtos manufaturados: na época moderna, estão em razão inversa. Terá por isso diminuído desde a Idade Média a utilidade dos produtos agrícolas?

O uso dos produtos é determinado pelas condições sociais em que encontram colocados os consumidores e estas próprias condições se baseiam no antagonismo das classes.

O algodão, as batatas e a aguardente são produtos de uso mais comum. As batatas geraram as escrófulas; o algodão expulsou em grande parte o linho e a lã, embora o linho e a lã sejam, em muitos casos, de maior utilidade, quanto mais não seja do ponto de vista da higiene; a aguardente, enfim, acabou por levar vantagem sobre a cerveja e o vinho, embora a aguardente, empregada como substância alimentar, seja geralmente reconhecida como um veneno. Durante um século inteiro, os governos lutaram em vão contra o ópio europeu; a economia prevaleceu e ditou suas ordens ao consumo.

Por que razão, então, o algodão, a batata e a aguardente constituem os eixos da sociedade burguesa? Porque para produzi-los é necessário o mínimo de trabalho e têm por consequência os preços mais baixos. Por que razão o mínimo de preço decide sobre o máximo de consumo? Seria por acaso devido à utilidade absoluta desses artigos, de sua utilidade intrínseca, sua utilidade à medida que correspondem de maneira mais eficiente às necessidades do operário como homem e não do homem como operário? Não, é porque, numa sociedade baseada na *miséria,* os produtos mais *miseráveis* têm a prerrogativa fatal de servir para o uso do maior número.

Dizer agora que porque as coisas menos custosas, sendo de um uso maior, devem ser de maior utilidade, é dizer que o uso tão generalizado da aguardente, devido ao pequeno custo de sua produção, é a prova mais contundente de sua utilidade; é dizer ao proletário que a batata é mais salutar que a carne; é aceitar o estado de coisas existente; é fazer, enfim, com Proudhon, a apologia de uma sociedade sem compreendê-la.

Numa sociedade futura, onde o antagonismo das classes tivesse cessado, onde não houvesse mais classes, o uso não seria mais determinado pelo *mínimo* de tempo de produção, mas o tempo de produção que se consagraria aos diferentes objetos seria determinado por seu grau de utilidade social.

Voltando à tese de Proudhon, visto que o tempo de trabalho necessário à produção de um objeto não é a expressão de seu grau de utilidade, o valor de troca desse mesmo objeto, determinado com antecedência pelo tempo de trabalho nele fixado, não poderia nunca regular a justa relação entre a oferta e a procura, isto é, a relação de proporcionalidade no sentido que Proudhon lhe atribui no momento.

Não é a venda de um produto qualquer pelo preço de seu custo de produção que constitui a "relação de proporcionalidade" entre a oferta e a procura ou a cota proporcional desse produto relativamente ao conjunto da produção: são as *variações da oferta e da procura* que indicam ao produtor a quantidade em que é necessário produzir uma determinada mercadoria para receber em troca pelo menos as despesas de produção. E como essas variações são contínuas, há também movimento contínuo de retração e de aplicação dos capitais, com relação aos diferentes ramos de indústria.

"É apenas devido a essas variações que os capitais são aplicados precisamente na proporção requerida e não além da produção das diferentes mercadorias para as quais há procura. Pela alta ou pela baixa dos preços, os lucros aumentam ou baixam em relação a seu nível geral e desse modo os capitais são atraídos ou desviados da utilização particular que acaba de experimentar uma ou outra dessas variações. Se observarmos os mercados das grandes cidades, veremos com que regularidade são abastecidos com todas as espécies de artigos, nacionais e estrangeiros, na quantidade requerida, sejam quais forem as diferenças da procura por efeito do capricho, do gosto ou pelas variações na população, sem que haja congestões frequentes em consequência de fornecimentos superabundantes, nem encarecimento excessivo pela fraqueza do abastecimento comparado com a procura; deve admitir-se que o princípio que distribui o capital

em cada ramo da indústria nas proporções exatamente convenientes é mais poderoso do que em geral se supõe" (Ricardo, Tomo I).

Se Proudhon aceita o valor dos produtos como determinado pelo tempo de trabalho, deve aceitar igualmente o movimento oscilatório que, só ele, faz do trabalho a medida do valor. Não há "relação de proporcionalidade" já constituída, o que existe é um movimento constituinte.

Acabamos de ver em que sentido é correto falar da "proporcionalidade" como de uma consequência do valor determinado pelo tempo de trabalho. Vamos ver agora de que modo esta medida pelo tempo, chamada por Proudhon de "lei de proporcionalidade", se transforma em lei de *desproporcionalidade.*

Toda nova invenção que permite produzir numa hora aquilo que até então era produzido em duas horas, deprecia todos os produtos homogêneos que se encontram no mercado. A concorrência força o produtor a vender o produto de duas horas tão barato como o produto de uma hora. A concorrência realiza a lei segundo a qual o valor relativo de um produto é determinado pelo tempo de trabalho necessário para produzi-lo. O tempo de trabalho que serve de medida do valor venal torna-se assim a lei de uma *depreciação* contínua do trabalho. Diremos mais. Haverá depreciação não só para as mercadorias levadas ao mercado, mas também para os instrumentos de produção e para toda uma fábrica. Já Ricardo assinala esse fato dizendo:

"Aumentando constantemente a facilidade de produção, diminuímos constantemente o valor de algumas das mercadorias antes produzidas" (Tomo II).

Sismondi vai mais longe. Ele vê, nesse "valor *constituído*" pelo tempo de trabalho, a fonte de todas as contradições da indústria e do comércio modernos.

"O valor mercantil, diz ele, é sempre fixado, em última análise, pela quantidade de trabalho necessária para obter a coisa avaliada: não é aquela que custou atualmente, mas que custaria daqui por diante com meios talvez aperfeiçoados; e esta quantidade, embora seja difícil de ser apreciada, é sempre estabelecida com fidelidade pela concorrência... É sobre essa base que se calcula tanto a procura do vendedor quanto a oferta do comprador. O primeiro afirmará talvez que a coisa lhe custou dez jornadas de trabalho; mas se o segundo reconhece que dali por diante ela pode se realizar com

oito jornadas de trabalho, se a concorrência o demonstrar aos dois contratantes, será a oito jornadas somente que se reduzirá o valor e que se estabelecerá o preço de mercado. Um ou outro dos contratantes têm, é certo, a noção de que a coisa é útil, que é desejada, que sem desejo não haveria venda; mas a fixação do preço não conserva qualquer relação com a utilidade" (*Études*, etc., Tomo II).

É importante insistir neste ponto: aquilo que determina o valor não é o tempo no qual uma coisa foi produzida, mas o mínimo de tempo no qual ela é susceptível de ser produzida e este mínimo é constatado pela concorrência. Suponhamos por um momento que já não haja o mínimo de trabalho necessário para a produção de um produto. O que acontecerá? Bastará gastar na produção de um objeto seis horas de trabalho para se ter o direito, segundo Proudhon, de exigir em troca seis vezes mais que aquele que tiver gasto apenas uma hora na produção do mesmo objeto.

Em vez de uma relação de "proporcionalidade", temos uma relação de desproporcionalidade, se é que ainda insistimos em ficar nas relações, boas ou más.

A depreciação contínua do trabalho é apenas um dos lados, apenas uma consequência da avaliação dos produtos pelo tempo de trabalho. A alta dos preços, a superprodução e muitos outros fenômenos de anarquia industrial encontram sua interpretação neste modo de avaliação.

Mas servindo o tempo de trabalho de medida de valor, fará ele pelo menos nascer a variedade proporcional nos produtos que tanto encanta Proudhon?

Muito pelo contrário, o monopólio em toda a sua monotonia, segue-se a ele, para invadir o mundo dos produtos, do mesmo modo que, à vista de todos, o monopólio invadiu o mundo dos instrumentos de produção. Apenas alguns ramos da indústria, como a indústria do algodão, podem fazer progressos muito rápidos. A consequência natural desses progressos é que os produtos da manufatura algodoeira, por exemplo, baixam rapidamente de preço; mas à medida que o preço do algodão baixa, o preço do linho deve comparativamente subir. O que acontece? O linho será substituído pelo algodão. Dessa maneira o linho foi expulso de quase toda a América do Norte. E obtivemos, em vez da variedade proporcional dos produtos, o reinado do algodão.

Que resta dessa "relação de proporcionalidade"? Apenas o desejo de um homem honesto, que gostaria que as mercadorias fossem produzidas em proporções tais que pudessem ser vendidas a um preço honesto. Os bons burgueses e os economistas filantropos sempre gostaram de formular esse desejo inocente.

Passemos a palavra ao velho *Boisguillebert*[12]:

"O preço dos produtos deve ser sempre proporcionado, não devendo haver nisso senão o entendimento que possa fazê-los viver juntos, para se darem a todo o momento, "eis a permutabilidade contínua de Proudhon" e recebem reciprocamente o nascimento uns dos outros... Como a riqueza não passa, portanto, dessa mistura contínua entre homem e homem, entre profissão e profissão, etc..., é uma cegueira terrível ir procurar a causa da miséria em outro lugar que não na cessação desse comércio, ocasionada pela desordem das proporções nos preços" (Dissertation sur la nature des richesses – Dissertação sobre a Natureza das Riquezas).

Vamos escutar também um economista moderno:

*"Uma grande lei que se deve aplicar à produção é a lei da proporcionalidade (*the law of proportion*), que é a única que pode preservar a continuidade do valor... O equivalente tem de ser garantido... Todas as nações tentaram, em vários períodos de sua história, por meio de numerosos regulamentos e restrições comerciais, realizar até certo ponto essa lei de proporcionalidade... Mas o egoísmo, inerente à natureza do homem, levou-o a quebrar esses regulamentos. A produção proporcionada (*proportionate production*) é a relação de verdade integral da ciência da economia social"* (W. Atkinson[13], *Principles of Political Economy*, Londres, 1840).

Fuit Troja! (Troia não existe mais!)[14]. Essa justa proporção entre a oferta e a procura, que recomeça a ser objeto de tantos votos, deixou de existir há muito tempo. Passou ao estado de velharia. Só foi possível em épocas em que os meios de produção eram limitados, em que a troca se verificava em limites extremamente restritos.

---

[12] Pierre Le Pesant Boisguillebert (1646-1714), economista francês, precursos dos estudos econômicos na França (NT).

[13] William Atkinson (séc. XIX), economista inglês (NT).

[14] Expressão de Publius Vergilius Maro (71-19 a.C.), poeta latino, em sua célebre obra *Eneida*, livro II, verso 325 (NT).

Com o nascimento da grande indústria, essa justa proporção teve de terminar e a produção é fatalmente constrangida a passar, numa sucessão perpétua, pelas vicissitudes de prosperidade, de depressão, de estagnação, de nova prosperidade e assim sucessivamente.

Aqueles que, como Sismondi, querem regressar à justa proporcionalidade da produção, conservando ao mesmo tempo as bases atuais da sociedade, são reacionários, visto que, para serem consequentes, deveriam também pretender restabelecer todas as outras condições da indústria dos tempos passados.

O que é que mantinha a produção em proporções justas ou quase justas? Era a procura que determinava a oferta, que a precedia. A produção seguia passo a passo o consumo. A grande indústria, forçada pelos próprios instrumentos de que dispõe a produzir numa escala cada vez mais ampla, já não pode esperar pela procura. A produção precede o consumo, a oferta força a procura.

Na sociedade atual, na indústria baseada nas trocas individuais, a anarquia da produção, que é a fonte de tanta miséria, é ao mesmo tempo a fonte de todo o progresso.

Por isso, das duas uma:

Ou queremos as justas proporções dos séculos passados com os meios de produção de nossa época e então somos ao mesmo tempo reacionários e utópicos.

Ou queremos o progresso sem a anarquia: então, para conservar as forças produtivas, abandonamos as trocas individuais.

As trocas individuais só se ajustam com a pequena indústria dos séculos passados e seu corolário de "justa proporção", ou então com a grande indústria, mas com todo o seu cortejo de miséria e anarquia.

De acordo com o que acabamos de dizer, a determinação do valor pelo tempo de trabalho, ou seja, a fórmula que Proudhon nos apresenta como fórmula regeneradora do futuro, não passa da expressão científica das relações econômicas da sociedade atual, como Ricardo o demonstrou clara e nitidamente muito antes de Proudhon.

Mas pertencerá a Proudhon pelo menos a aplicação "igualitária" dessa fórmula? Não terá sido o primeiro a imaginar a reforma da sociedade com a transformação de todos os homens em trabalhadores imediatos, trocando quantidades de trabalho iguais? E caberá a ele censurar os comunistas, gente desprovida de qualquer conhecimento de economia política, "homens obstinadamente estúpidos", esses "sonhadores paradisíacos", por não terem encontrado, antes dele, essa "solução do problema do proletariado"?

Quem quer que esteja um pouco familiarizado com o movimento da economia política na Inglaterra não pode ignorar que quase todos os socialistas desse país propuseram, em diferentes épocas, a aplicação igualitária da teoria de Ricardo. Poderíamos citar a Proudhon: a *Economia Política* de Hodgskin, 1822; William Thompson: *An Inquiry into the Principles of the Distribution of Wealth, Most Conductive to Human Happiness*, 1824; T. R. Edmonds: *Pratical Moral and Political Economy*, 1828, etc., e quatro páginas de etc. Vamos nos contentar em deixar falar um comunista inglês, Bray[15]. Vamos citar as passagens decisivas de sua obra notável *Labour's Wrongs and Labour's Remedy*, Leeds, 1839, e demorar-nos nelas bastante tempo, primeiramente porque Bray é pouco conhecido na França e, em segundo lugar, porque acreditamos ter nele encontrado a chave das obras passadas, presentes e futuras de Proudhon.

*"O único meio para chegar à verdade é abordar de frente os primeiros princípios... Vamos diretamente à fonte de onde os próprios governos surgiram... Indo assim à origem da coisa, veremos que toda a força de governo, que todas as injustiças sociais e governamentais provêm do sistema social atualmente em vigor, da instituição da propriedade como existe presentemente (*the instituition of property as it at present exists*) e que por isso, para pôr definitivamente fim às injustiças e às misérias de nossos dias, é preciso derrubar de alto a baixo o estado atual da sociedade... Atacando os economistas em seu próprio terreno e com suas próprias armas, evitaremos o absurdo palavreado sobre os "visionários" e "teóricos", a que estão sempre prontos a entregar-se... A não ser que neguem ou desaprovem as conclusões e os princípios já aceitos, nos quais baseiam os próprios argumentos, os economistas não poderão rejeitar as conclusões a que chegamos por esse método..."* (Bray, *Labour's Wrongs and Labour's Remedy*, Leeds, 1839).

[15] John Francis Bray (1809-1895), economista inglês (NT).

*"Só o trabalho confere valor (*It is labour alone which bestows value*)... Cada homem tem direito indubitável a tudo aquilo que seu trabalho honesto pode lhe proporcionar. Apropriando-se assim dos frutos de seu trabalho, não comete nenhuma injustiça em relação aos outros homens; pois não prejudica o direito que qualquer outro homem tem de agir do mesmo modo. Todas as ideias de superioridade e inferioridade, de patrão e assalariado, nascem porque se esqueceram os primeiros princípios e, por conseguinte, porque a desigualdade foi introduzida na posse (*and to the consequent rise of inequality of possessions*); enquanto for mantida essa desigualdade, será impossível eliminar essas ideias ou derrubar as instituições que nela se baseiam. Até o presente sempre se tem tido a esperança de remediar um estado de coisas que é contra a natureza, destruindo a desigualdade existente e deixando intocada a causa da desigualdade; mas já demonstraremos que o governo não é a causa, mas um efeito, que não cria, mas que é criado, que, numa palavra, é o resultado da desigualdade na posse (*the offspring of inequality of possessions*) e que a desigualdade de posse está inseparavelmente ligada a nosso presente sistema social"* (Idem).

*"O sistema de igualdade tem a seu favor não só as maiores vantagens, mas também a estrita justiça... Cada homem é um elo, e um elo indispensável, na cadeia de efeitos, que tem seu ponto de partida numa ideia, para chegar talvez à produção de uma peça de tecido. Assim, embora possamos alimentar diferentes sentimentos em relação às diversas profissões, não se deve concluir que o trabalho de uma pessoa deve ser mais bem pago que o trabalho de outra. O inventor receberá sempre, além de sua justa recompensa em dinheiro, o tributo de nossa admiração, que só o gênio pode merecer de nós... Pela própria natureza do trabalho e da troca, a estrita justiça exige que todos os que trocam tenham benefícios, não apenas mútuos, mas iguais (*all exchangers should be not only mutually, but that they should like wise be equally, benefited*). Existem apenas duas coisas que os homens podem trocar entre si: o trabalho e o produto do trabalho. Se as trocas se verificassem segundo um sistema equitativo, o valor de todos os artigos seria determinado por seu custo de produção completo; e valores iguais seriam sempre trocados por valores iguais (*If a just

system of exchanges were acted upon, the value of all articles would be determined by th entire cost of production; and equal values should be always exchange for equal values). *Se, por exemplo, um chapeleiro leva um dia para fazer um chapéu e o sapateiro o mesmo tempo para fazer um par de sapatos, supondo-se que a matéria-prima que empregam tenha o mesmo valor e, se trocarem esses artigos entre si, o lucro que terão será ao mesmo tempo mútuo e igual. A vantagem que decorre da troca para cada uma das partes não pode constituir uma desvantagem para a outra, pois que cada uma deu a mesma quantidade de trabalho e que os materiais que cada uma usou, ambas os tinham. Mas se o chapeleiro obtivesse dois pares de sapatos por um chapéu, ainda de acordo com nossa primeira suposição, é claro que a troca não seria justa. O chapeleiro privaria o sapateiro de um dia de trabalho; e se agisse assim em todas as suas trocas, receberia, pelo trabalho de meio ano, o produto de todo um ano de uma outra pessoa... Até aqui, temos agido sempre segundo esse sistema de troca injusto: os operários deram ao capitalista o trabalho de todo um ano em troca do valor de apenas meio ano (*the workmen have given the capitalist the labour of a whole year in exchange for the value of only half a year*) e foi daí, e não da suposta desigualdade nas forças físicas e mentais dos indivíduos, que surgiu a desigualdade de riqueza e de poder. É uma condição inevitável das trocas – da compra por um preço e da venda por outro – que os capitalistas continuem sendo capitalistas e os operários a ser operários, formando uma classe de tiranos e outros uma classe de escravos até a eternidade. Essa transação prova, portanto, claramente que os capitalistas e proprietários se limitam a dar ao operário, por seu trabalho de uma semana, uma parte da riqueza que obtiveram dele na semana anterior, o que equivale precisamente a dar-lhe alguma coisa por nada (*nothing for something*)... A transação entre o produtor e o capitalista é uma verdadeira farsa: de fato, em milhares de circunstâncias, não passa de um roubo descarado embora legal. (*The whole transaction... between the producer and the capitalist is ... a mere farce: it is in fact, in thousands of instances, no other than a barefaced though legalised robbery.*)" (Bray, op. cit.).

"O lucro do capitalista será sempre uma perda do empregado, até que as trocas entre as partes sejam iguais; e as trocas não

*podem ser iguais enquanto a sociedade estiver dividida entre capitalistas e produtores e enquanto os produtores estiverem vivendo de seu trabalho e os capitalistas inchando com o lucro desse trabalho... É claro, continua Bray, que seja qual for a forma de governo que se estabeleça... por muito que falemos da desigualdade das posses, a reciprocidade é incompatível com a desigualdade das trocas. A desigualdade das trocas, por ser a fonte da desigualdade das posses, é o inimigo secreto que nos devora (*no reciprocity can exist where there are unequal exchanges... Inequality that devours us*)"* (Bray, op. cit.).

"A consideração da intenção e do fim da sociedade, não só que todos os homens devem trabalhar e, portanto, tornar-se trocadores, mas também que valores iguais devem sempre ser trocados por valores iguais. Além disso, como o lucro de um homem não deve ser nunca a perda de outro, o valor deve ser sempre determinado pelo custo de produção. No entanto, já vimos que sob o regime da sociedade... o lucro do capitalista e do rico é sempre a perda do operário, que esse resultado se verificará invariavelmente e que o pobre será inteiramente abandonado à vontade do rico, seja qual for a forma de governo, enquanto houver desigualdade das trocas e que a igualdade das trocas só pode ser assegurada com um regime social em que o trabalho seja universal... Se as trocas fossem iguais, a riqueza dos atuais capitalistas passaria gradualmente deles para as classes trabalhadoras" (Bray, op. cit.).

*"Enquanto o sistema de trocas desiguais estiver em vigor, os produtores serão quase tão pobres, tão ignorantes e tão sobrecarregados de trabalho como são hoje, mesmo se todas as taxas governamentais forem eliminadas e todos os impostos abolidos... só uma mudança total do sistema, com a introdução da igualdade do trabalho e das trocas, poderá alterar esse estado de coisas e garantir a verdadeira igualdade de direitos... Os produtores só têm que fazer um esforço e é por eles que deve ser feito qualquer esforço para sua própria salvação e suas cadeias serão quebradas para sempre... Como objetivo, a igualdade política é um erro... como meio também é um erro (*As an end, the political equality is there a failure... as a means, also, it is there a failure*). Com a igualdade das trocas, o lucro de um homem não pode ser a perda de outro; pois, cada troca será simplesmente*

uma transferência de trabalho e riqueza. Portanto, embora sob um sistema social baseado na igualdade das trocas, o produtor poderá tornar-se rico por meio de suas economias; e sua riqueza não será mais que o produto acumulado de seu próprio trabalho. Ele poderá trocar sua riqueza ou poderá dá-la a outros... mas um homem rico não poderá continuar rico por qualquer período de tempo depois de parar de trabalhar. Sob a igualdade das trocas, a riqueza perde o poder atual de se renovar e de se reproduzir, já não poderá encher o vazio que o consumo terá criado, a menos que seja reproduzida pelo trabalho, a riqueza, uma vez consumida, perde-se para sempre. Aquilo a que agora se chama lucro e juros não pode existir sob o regime da igualdade das trocas; pois, o produtor e o distribuidor seriam igualmente remunerados e a soma total de seu trabalho determinaria o valor do artigo criado e levado às mãos do consumidor. O princípio de igualdade nas trocas deve, por sua própria natureza, assegurar o trabalho universal" (Bray, op. cit.).

Depois de ter refutado as objeções dos economistas contra o *comunismo*, Bray prossegue:

"Se uma modificação de caráter é essencial para o êxito do sistema social da comunidade em sua forma perfeita e se, por outro lado, o presente sistema não apresenta circunstâncias nem facilidades para que se efetue a requerida mudança de caráter e para preparar o homem para uma situação melhor, que todos desejamos, é evidente que estas coisas têm de permanecer necessariamente como são... ou então que se descubra e aplique um termo social preparatório, um movimento que participe tanto do sistema atual como do sistema desejado (do sistema da comunidade), uma espécie qualquer de ponto de parada intermediário, onde a sociedade possa chegar com todos os seus erros e suas loucuras, para deixá-la rica de qualidades e atributos que são as condições vitais do sistema de comunidade" (Bray, op. cit.).

"Todo esse movimento exigiria apenas cooperação em sua forma mais simples... O custo de produção determinaria em todas as instâncias o valor do produto; e valores iguais seriam sempre trocados por valores iguais. Se uma pessoa trabalhou uma semana inteira e outra trabalhou apenas meia semana, a primeira receberia o dobro da remuneração da última; mas esse pagamento extra de

*uma não seria dado a uma pessoa com prejuízo de outra, a perda sofrida pelo último homem não recairia de modo algum sobre o primeiro. Cada pessoa trocaria o salário que individualmente recebesse por mercadorias do mesmo valor ao de seu salário; e em caso algum o lucro de um homem ou de uma indústria seria uma perda para outro homem ou para outra indústria. Só o trabalho de cada indivíduo é que determinaria seu lucro ou sua perda... Por meio de comissões (*boards of trade*) gerais e locais... as quantidades das várias mercadorias necessárias para o consumo e o valor relativo de cada uma em relação às outras (o número de operários a empregar nos diferentes ramos de trabalho), tudo aquilo que é ligado à produção e à distribuição social, seriam executadas, numa nação, em tão pouco tempo e com tanta facilidade quanto o são, sob o regime atual, numa sociedade particular... Os indivíduos se agrupariam em famílias e as famílias em cidades, como no sistema existente... Não se interferiria diretamente com a presente distribuição das pessoas nas cidades e no campo, apesar de todos os seus inconvenientes... Nessa associação, cada pessoa seria livre de desfrutar da liberdade tanto quanto quisesse e de usufruir dessas acumulações quando e onde julgasse mais conveniente... Nossa sociedade será por assim dizer uma grande sociedade por ações menores, todas trabalhando, produzindo e trocando seus produtos na base da mais perfeita igualdade... Nosso novo sistema de sociedade por ações (que é apenas uma concessão à sociedade atual com vista a obter o comunismo), sendo constituída de modo a admitir a propriedade individual das produções em ligação com a propriedade comum das forças produtivas (*productive powers*), *tornando cada indivíduo dependente de seus próprios esforços e permitindo-lhe ao mesmo tempo uma participação igual em todas as vantagens proporcionadas pela natureza e pela arte; desse modo se pode aplicar a sociedade como ela é e a preparar o caminho para outras e melhores mudanças"* (Bray, op. cit.).

Temos apenas algumas palavras a responder a Bray que, sem que tenhamos qualquer culpa, acaba por suplantar Proudhon, com a diferença de que Bray, longe de pretender possuir a última palavra da humanidade, propõe apenas as medidas que crê boas para uma época de transição entre a sociedade atual e o regime da comunidade.

Uma hora de trabalho de Pedro se troca por uma hora de trabalho de Paulo. Esse é o axioma fundamental de Bray.

Suponhamos que Pedro tem doze horas de trabalho a seu dispor e que Paulo tem apenas seis: então Pedro só poderá fazer com Paulo uma troca de seis por seis. Pedro terá, por conseguinte, seis horas de trabalho de sobra. Que fará dessas seis horas de trabalho?

Não fará nada, isto é, trabalhou seis horas por nada ou então não trabalhará outras seis horas para restabelecer o equilíbrio; ou ainda, é esse seu último recurso, dará a Paulo essas seis horas, que não lhe servem para nada.

Assim, no fim das contas, que é que Pedro terá ganho sobre Paulo? Horas de trabalho, não. Só terá ganho horas de lazer: será obrigado a viver durante seis horas como um ocioso. E para que esse novo direito à ociosidade seja não só apreciado, mas também respeitado na nova sociedade, é necessário que essa encontre sua mais alta felicidade na preguiça e que o trabalho lhe pese como uma cadeia de que deverá se livrar, custe o que custar. E ainda, para voltar a nosso exemplo, se essas horas de lazer que Pedro ganhou sobre Paulo fossem um ganho real! Mas não. Paulo, trabalhando de início apenas seis horas, chega por meio de um trabalho regular e regrado ao resultado que Pedro só obtém por um excesso de trabalho. Todos quererão ser Paulo, haverá concorrência para conquistar o lugar de Paulo, concorrência de preguiça.

O que nos deu a troca de quantidades iguais de trabalho? Superprodução, depreciação, excesso de trabalho seguido de desemprego, enfim, as relações econômicas tais como as vemos constituídas na sociedade atual, menos a concorrência de trabalho.

Não, nós nos enganamos. Haverá ainda um expediente que poderá salvar a sociedade nova, a sociedade dos Pedros e dos Paulos. Pedro consumirá sozinho o produto de seis horas de trabalho que lhe sobraram. Mas a partir do momento em que ele não tem mais que trocar por ter produzido, também não tem que produzir para trocar e toda a suposição de uma sociedade baseada na troca e na divisão do trabalho cairiam. Salvo a igualdade das trocas pelo próprio fato de que as trocas teriam deixado de existir: Paulo e Pedro acabariam na condição de Robinson.

Portanto, se supomos que todos os membros da sociedade são trabalhadores imediatos, a troca das quantidades iguais de horas de trabalho só será possível desde que se combine antecipadamente o número de horas que será necessário empregar na produção material. Mas tal convenção nega a troca individual.

Chegaremos ainda à mesma consequência se tomarmos como ponto de partida, já não a distribuição dos produtos criados, mas o ato da produção. Na grande indústria, Pedro não tem liberdade para ele próprio fixar o tempo de seu trabalho, pois o trabalho de Pedro nada é sem o concurso de todos os Pedros e de todos os Paulos que constituem a fábrica. É isso que explica muito bem a resistência tenaz que os comerciantes ingleses opuseram à lei *das dez horas*. É que sabiam muito bem que uma diminuição de duas horas de trabalho concedida às mulheres e às crianças devia igualmente implicar uma diminuição de tempo de trabalho para os adultos. É da natureza da grande indústria que o tempo de trabalho seja igual para todos. O que hoje é resultado do capital e da concorrência dos operários entre si, será amanhã, se eliminarmos a relação entre o trabalho e o capital, o resultado de uma convenção baseada na relação entre a soma das forças produtivas e a soma das necessidades existentes.

Mas essa convenção é a condenação da troca individual e assim chegamos novamente a nosso primeiro resultado.

A princípio, não há troca dos produtos, mas troca dos trabalhos que concorrem para a produção. É do modo de troca das forças produtivas que depende o modo de troca dos produtos. Em geral, a forma da troca dos produtos corresponde à forma da produção. Se mudarmos a última, a primeira mudará em consequência. Por isso vemos na história da sociedade o modo de trocar os produtos regular-se pelo modo de produzi-los. A troca individual corresponde ainda a um modo de produção determinado que, por sua vez, corresponde ao antagonismo das classes. Por isso, não há troca individual sem o antagonismo das classes.

Mas as consciências honestas se recusam a essa evidência. Enquanto se é burguês, não se pode fazer outra coisa senão ver nessa relação de antagonismo uma relação de harmonia e de justiça eterna que não permite a ninguém obter vantagens à custa de outrem. Para o burguês, a troca individual pode subsistir sem o antagonismo das classes: para ele são duas coisas totalmente separadas. A troca individual, como o burguês a imagina, está longe de se assemelhar à troca individual como ela se pratica.

Bray faz da *ilusão* do bom burguês o *ideal* que gostaria de ver realizado. Depurando a troca individual, libertando-a de todos os elementos antagônicos, crê encontrar uma relação "*igualitária*" que gostaria de fazer passar para a sociedade.

Bray não vê que esta relação igualitária, este *ideal corretivo*, que gostaria de aplicar ao mundo, não passa do reflexo do mundo atual e que, por conseguinte, é totalmente impossível de reconstituir a sociedade numa base que não passa de sua sombra embelezada de si própria. À medida que a sombra se torna corpo, vê-se que esse corpo, longe de ser a transfiguração sonhada, é o corpo atual da sociedade[16].

3. Aplicação da lei das proporcionalidades de valor

a) A moeda

"O ouro e a prata são as primeiras mercadorias cujo valor chegou à sua constituição." (Proudhon, Tomo I).

Logo, o ouro e a prata são as primeiras aplicações do "valor constituído"... por Proudhon. E como Proudhon constitui os valores dos produtos determinando-os pela quantidade de trabalho neles fixado, a única coisa que tinha de fazer era provar que as variações verificadas no valor do ouro e da prata se explicam sempre pelas variações do tempo de trabalho que é necessário para produzi-los. Proudhon não pensa nisso. Não fala do ouro e da prata como mercadorias, fala deles como moeda.

Toda a sua lógica, se é que existe lógica, consiste em dissimular a qualidade que o ouro e a prata têm de servir de moeda, para benefício de todas as mercadorias que têm a qualidade de serem avaliadas

---

[16] Como qualquer outra teoria, a de Bray encontrou seus partidários que se deixaram enganar pelas aparências. Foram fundados em Londres, Sheffield, Leeds e em muitas outras cidades da Inglaterra *equitable-labour-exchange bazaars*. Esses bazares, depois de terem absorvido capitais consideráveis, abriram todos falências escandalosas. Perdeu-se o gosto deles para sempre: aviso para Proudhon! (*Nota de Marx*)

Sabe-se que Proudhon não levou em conta este aviso. Em 1849 tentou ele próprio abrir um novo banco de troca em Paris. Mas faliu antes mesmo de ter entrado verdadeiramente em funcionamento. Um processo judicial contra Proudhon haveria de servir de cobertura à sua falência (*Nota de Engels para a edição alemã de 1885*).

pelo tempo de trabalho. Decididamente há mais ingenuidade do que malícia nessa dissimulação.

Um produto útil, sendo avaliado pelo tempo de trabalho necessário para produzi-lo, é sempre aceitável em troca. Testemunha-o, exclama Proudhon, o ouro e a prata que se encontram em minhas condições requeridas de "trocabilidade". Portanto, o ouro e a prata são o valor chegado ao estado de constituição, são a incorporação da ideia de Proudhon. Ele se sente felicíssimo com a escolha de seu exemplo. O ouro e a prata, além da qualidade que têm de ser uma mercadoria, avaliada como qualquer outra pelo tempo de trabalho, têm ainda a de ser agente universal de troca, de ser moeda. Tomando agora o ouro e a prata como uma aplicação do "valor constituído" pelo tempo de trabalho, nada mais fácil do que provar que toda mercadoria cujo valor seja constituído pelo tempo do trabalho será sempre trocável, será moeda.

Uma questão muito simples se apresenta ao espírito de Proudhon. Por que é que o ouro e a prata têm o privilégio de ser o tipo do "valor constituído?"

"A função particular que o uso atribuiu aos metais preciosos de servirem de agente ao comércio é puramente convencional e qualquer outra mercadoria poderia, menos comodamente talvez, mas com a mesma autenticidade, desempenhar esse papel: os economistas reconhecem-no e podemos citar mais de um exemplo. Qual é, pois, a razão dessa preferência geralmente atribuída aos metais para servirem de moeda e como se explica essa especialidade das funções do dinheiro, sem semelhante na economia política, do dinheiro?... Ora, será possível restabelecer a série de onde a moeda parece ter sido separada e, por conseguinte, reconduzir esta a seu verdadeiro princípio?" (Tomo I).

Colocando a questão nesses termos, Proudhon supôs a *moeda*. A primeira questão que deveria ter colocado era a de saber por que razão, nas trocas como elas estão constituídas atualmente, se teve de individualizar por assim dizer, o valor de troca, criando um agente especial de troca. A moeda não é uma coisa, é uma relação social. Por que razão a relação da moeda é uma relação da produção, como qualquer outra relação econômica, como a divisão do trabalho, etc.? Se Proudhon se tivesse inteirado bem dessa relação, não teria visto na moeda uma exceção, um membro separado de uma série desconhecida ou a ser reencontrada de novo.

Teria reconhecido, ao contrário, que esta relação é um elo e, como tal, está intimamente ligada a todo o encadeamento das outras relações, e que esta relação corresponde a um modo de produção determinado, exatamente como a troca individual. Que faz ele? Começa por separar a moeda do conjunto do modo de produção atual, para fazer dela mais tarde o primeiro membro de uma série imaginária, de uma série a ser de novo encontrada.

Uma vez que se reconheceu a necessidade de um agente particular de troca, isto é, a necessidade da moeda, só resta explicar porque essa função particular é atribuída ao ouro e à prata, de preferência a qualquer outra mercadoria. É esta uma questão secundária que já não se explica pelo encadeamento das relações de produção, mas pelas qualidades específicas inerentes ao ouro ou à prata como matéria. Se, depois de tudo isto, os economistas, nessa conjuntura "se puseram fora do domínio da ciência, se se dedicaram à física, à mecânica, à história, etc." (Tomo I), como os acusa Proudhon, só fizeram o que deviam fazer. A questão já não pertence ao domínio da economia política.

"Aquilo que nenhum dos economistas, diz Proudhon, viu ou compreendeu, é a razão econômica que determinou, em favor dos metais preciosos, o favor de que gozam" (Tomo I).

A razão econômica que ninguém, e não sem razão, viu ou compreendeu, viu-a, compreendeu-a e legou-a Proudhon à posteridade.

"Ora, aquilo que ninguém notou é que, de todas as mercadorias, o ouro e a prata são as primeiras cujo valor se constituiu. No período patriarcal, o ouro e a prata se comercializam ainda e se trocam em barras, mas já com uma tendência visível ao predomínio e com uma preferência notória. Pouco a pouco os soberanos se apossam deles e neles colocam seu selo: e dessa consagração soberana nasce a moeda, isto é, a mercadoria por excelência, aquela que, não obstante todos os abalos do comércio, conserva um valor proporcional determinado e se faz aceitar em qualquer pagamento... O traço distintivo do ouro e da prata decorre, repito-o, do fato de, graças a suas propriedades metálicas, às dificuldades de sua produção e sobretudo à intervenção da

autoridade pública, conquistaram logo, como mercadoria, a fixidez e a autenticidade" (Tomo I).

Dizer que, de todas as mercadorias, o ouro e a prata são as primeiras cujo valor se constituiu, ou seja, depois de tudo o que precede, que o ouro e a prata são as primeiras que chegaram ao estado de moeda, eis a grande revelação de Proudhon, eis a verdade que ninguém tinha descoberto antes dele.

Se, com essas palavras, Proudhon quis dizer que o ouro e a prata são mercadorias cujo tempo de produção foi conhecido mais cedo que de todas as outras, seria mais uma das suposições com que ele está sempre pronto a presentear seus leitores. Se quiséssemos recorrer a essa erudição patriarcal, diríamos a Proudhon que o tempo necessário para produzir os objetos de primeira necessidade, como o ferro, etc., foi o primeiro a ser conhecido.

Mas, depois de tudo isso, como é que Proudhon pode ainda falar da constituição de um valor, visto que um valor nunca por si só se constitui? É constituído, não pelo tempo que é necessário para produzi-lo isoladamente, mas pela relação com a cota de todos os outros produtos que podem ser criados no mesmo tempo.

Assim a constituição do valor do ouro e da prata pressupõe a constituição já dada de um grande número de outros produtos.

Não é, portanto, a mercadoria que chegou, no ouro e na prata, ao estado de "valor constituído", é o "valor constituído" de Proudhon que chegou, no ouro e na prata, ao estado de moeda.

Examinemos agora, mais de perto essas *razões econômicas* que, segundo Proudhon, valeram ao ouro e à prata a vantagem de serem erigidos em moeda mais cedo que todos os outros produtos, passando pelo estado constitutivo do valor.

Essas razões econômicas são: a "tendência visível para o predomínio", a "preferência notória" já no "período patriarcal" (Tomo I) e outras perífrases do próprio fato que aumentam a dificuldade, visto que multiplicam o fato, multiplicando os acidentes que Proudhon faz intervir para explicar o fato. Proudhon ainda não esgotou todas as razões pretensamente econômicas. Aí está mais uma, de uma força soberana, irresistível:

"É da consagração soberana que nasce a moeda: os soberanos se apoderam do ouro e da prata e neles colocam seu selo" (Tomo I).

Assim, o bel-prazer dos soberanos é, para Proudhon, a razão suprema em economia política!

É preciso ser verdadeiramente desprovido de todo conhecimento histórico para ignorar que foram sempre os soberanos que sofreram as condições econômicas e que nunca foram eles que fizeram sua lei. A legislação, tanto política como civil, apenas enuncia, verbaliza o poder das relações econômicas.

Foi o soberano que se apoderou do ouro e da prata, para fazer deles os agentes universais de troca, ou foram estes agentes universais de troca que se apoderaram do soberano, forçando-o a imprimir nelas seu selo e a dar-lhes uma consagração política?

A marca que se gravou e que se grava na prata não é aquela de seu valor, mas a de seu peso. A fixidez e a autenticidade de que fala Proudhon se aplicam apenas ao teor da moeda e esse teor indica a quantidade de matéria metálica existente num pedaço de prata tornado moeda.

"O único valor intrínseco de um marco de prata, diz Voltaire, com o bom senso que lhe é peculiar, é um marco de prata, meia libra com o peso de oito onças. O peso e o teor são os únicos que fazem esse valor intrínseco" (Voltaire[17], *Système de Law*).

Mas a pergunta: Quanto vale uma onça de ouro e de prata? – não deixa por isso de subsistir. Se uma caxemira do armazém do *Grand Colbert* ostentar a marca de fábrica, *pura lã*, essa marca não dirá ainda o valor da caxemira. Restaria ainda saber quanto vale a lã.

"Filipe I, rei da França, diz Proudhon, mistura à libra de Tours de Carlos Magno um terço de liga, imaginando que, tendo o monopólio da fabricação das moedas, pode fazer aquilo que faz qualquer comerciante que tenha o monopólio de um produto. Em que consistia na realidade essa alteração das moedas tão criticada a Filipe e a seus sucessores? Um raciocínio justo, do ponto de vista da rotina comercial, mas muito falso em ciência econômica, isto é, que, sendo a oferta e a procura a regra dos valores, pode-se, quer produzindo uma raridade fictícia, quer pelo açambarcamento da produção, fazer subir a avaliação e, portanto, o valor das coisas; e isso é verdadeiro tanto para o ouro quanto para a prata como

[17] François-Marie Arouet, dito Voltaire (1694-1778), filósofo, literato e historiador francês; o texto a que Marx se refere está no livro *Histoire du Parlement* (NT).

para o trigo, o vinho, o azeite, o tabaco. Entretanto, ainda não havia suspeita da fraude de Filipe e sua moeda tinha sido reduzida a seu justo valor; e ele perdia ao mesmo tempo aquilo que pensara ganhar de seus súditos. O mesmo aconteceu na sequência de todas as tentativas análogas" (Tomo I).

Em primeiro lugar, foi demonstrado muitas e muitas vezes que, quando o príncipe resolve alterar a moeda, é ele quem perde com isso. O que ganhou de uma só vez com a primeira emissão, perde sempre que as moedas falsificadas voltam a ele sob a forma de impostos, etc. Mas Filipe e seus sucessores souberam pôr-se mais ou menos a salvo dessa perda, pois, uma vez posta em circulação a moeda alterada, se apressavam em ordenar uma refundição geral das moedas, na antiga base.

Além disso, se Filipe I não tivesse verdadeiramente raciocinado como Proudhon, Filipe não teria raciocinado bem "do ponto de vista comercial". Nem Filipe I nem Proudhon dão provas de gênio mercantil quando imaginam que se pode alterar o valor do ouro, bem como o de qualquer outra mercadoria, pela simples razão de que seu valor é determinado pela relação entre a oferta e a procura.

Se o rei Filipe tivesse ordenado que uma medida de trigo passasse a se chamar duas medidas de trigo, o rei teria sido um trapaceiro. Teria enganado todos os que vivem de renda, todos os que tivessem a receber cem medidas de trigo, teria sido a causa de que todas essas pessoas, em vez de receberem cem medidas de trigo, recebessem apenas cinquenta. Suponhamos que o rei devia cem medidas de trigo, deveria pagar apenas cinquenta. Mas no comércio, cem medidas não teriam valido nunca mais que cinquenta. Mudando-se de nome, não se muda a coisa. A quantidade de trigo quer oferecida, quer procurada, não teria diminuído nem aumentado com essa simples mudança de nome. Assim, sendo a relação entre a oferta e a procura igualmente a mesma apesar dessa alteração de nome, o preço do trigo não sofrerá nenhuma alteração real. Falando da oferta e da procura das coisas, não se fala da oferta e da procura do nome das coisas. Filipe I não era um fabricante de ouro ou de prata, como diz Proudhon; era fabricante do nome das moedas; façam passar nossas caxemiras francesas por caxemiras asiáticas, é possível que enganem um comprador ou dois, mas conhecida a fraude, as pretensas caxemiras asiáticas baixarão ao preço das caxemiras francesas. Conferindo uma falsa etiqueta ao ouro e à prata, Filipe I só podia enganar enquanto a fraude não fosse conhecida. Como qualquer outro negociante, enganaria os clientes por uma falsa mercadoria: isso não poderia durar muito tempo. Mais cedo ou mais tarde teria de sofrer o rigor das leis comerciais. Seria isso que Proudhon queria provar? Não. Segundo ele, é do soberano, e não do comércio, que o dinheiro recebe seu valor. E efetivamente o que provou? Que o comércio é mais soberano que o soberano. De fato, o soberano ordena que um marco passe a ser dois marcos, o comércio dirá sempre que esses dois marcos valem apenas o marco inicial.

Mas nem por isso a questão do valor determinado pela quantidade de trabalho não deu sequer um passo. Falta ainda decidir se esses dois marcos, que voltaram a ser o marco anterior, são determinados pelos custos de produção ou pela lei da oferta e da procura.

Proudhon continua:

"Há ainda a considerar que, se em vez de alterar as moedas, estivesse no poder do rei duplicar sua massa, o valor de troca do ouro e da prata teria imediatamente baixado pela metade, sempre por essa razão de proporcionalidade e equilíbrio" (Tomo I).

Se esta opinião, que Proudhon partilha com os outros economistas, for justa, é uma prova em favor da doutrina da oferta e da procura e de nenhum modo em favor da proporcionalidade de Proudhon. De fato, qualquer que fosse a quantidade de trabalho fixado na massa duplicada do ouro e da prata, seu valor cairia pela metade, tendo a procura permanecido a mesma e a oferta dobrado. Ou será que, por acaso, *"a lei de proporcionalidade"* se confundiria desta vez com a lei tão desdenhada da oferta e da procura? Esta justa proporcionalidade de Proudhon é, com efeito, de tal modo elástica, presta-se a tantas variações, tantas combinações e permutações, que poderia muito bem coincidir uma vez com a relação entre a oferta e a procura.

Tomar "qualquer mercadoria aceitável na troca, se não de fato, pelo menos de direito", baseando-se no papel que o ouro e a prata representam, é desconhecer esse papel. O ouro e a prata só são aceitáveis de direito porque o são de fato, e o são de fato porque a organização atual da produção precisa de um agente universal de troca. O direito é apenas o reconhecimento oficial do fato.

Como vimos, o exemplo do dinheiro como aplicação do valor passado ao estado de constituição só foi escolhido por Proudhon para fazer passar de contrabando toda a sua doutrina da trocabilidade, isto é, para demonstrar que toda a mercadoria avaliada por seu custo de produção deve chegar ao estado de moeda. Tudo isso estaria certo se não fosse o inconveniente de que precisamente o ouro e a prata, como moeda, são de todas as mercadorias as únicas que não são determinadas por seus custos de produção; e isso é tão verdadeiro que na circulação podem ser substituídas por papel. Enquanto houver certa proporção observada entre as necessidades de circulação e a quantidade de moeda emitida, seja moeda de papel, de ouro, de platina ou de cobre, não se pode falar de uma proporção a observar entre o valor intrínseco (o custo de produção) e o valor nominal da moeda. Sem dúvida, no comércio internacional, a moeda é determinada, como qualquer outra mercadoria, pelo tempo de trabalho. Mas é que também o ouro e a prata no comércio internacional são meios de troca como produto e não como moeda, isto é, perdem esse caráter de "fixidez e de autenticidade", de "consagração soberana", que formam para Proudhon seu caráter específico. Ricardo compreendeu tão bem esta verdade que, depois de ter baseado todo o seu sistema no valor determinado pelo tempo de trabalho e depois de ter dito que "*o ouro e a prata*, como todas as outras mercadorias, não têm valor senão na proporção da quantidade de trabalho necessário para produzi-los e fazê-los chegar ao mercado", acrescenta, contudo, que o valor da *moeda* não é determinado pelo tempo de trabalho fixado em sua matéria, mas apenas pela lei da oferta e da procura.

"Embora o papel não tenha qualquer valor intrínseco, se, contudo, se limitar sua quantidade, seu valor de troca, pode igualar o valor de uma moeda metálica com a mesma denominação ou de barras avaliadas em espécie. É ainda pelo mesmo princípio, isto é, limitando a quantidade de moeda, que peças de baixo valor podem circular com o mesmo valor que teriam tido se seu peso e título tivessem sido os fixados pela lei e não os fixados segundo o valor intrínseco do metal puro que contivessem. É por isso que na história das moedas inglesas verificamos que nosso numerário nunca foi depreciado na mesma

proporção em que foi alterado. A razão está em que ele nunca foi multiplicado na proporção de sua depreciação" (Ricardo, tomo II).

A respeito desta passagem de Ricardo, observa Jean-Baptiste Say:

"Este exemplo deveria bastar, parece-me, para convencer o autor de que a base de qualquer valor é, não a quantidade de trabalho necessária para fazer uma mercadoria, mas a necessidade que se tem dela, pesada por sua raridade."

Assim a moeda, que para Ricardo já não é um valor determinado pelo tempo de trabalho, e que Jean-Baptiste Say toma por isso como exemplo para convencer Ricardo de que os outros valores também não poderiam ser determinados pelo tempo de trabalho, essa moeda, repito, tomada por Jean-Baptiste Say como exemplo de um valor determinado exclusivamente pela oferta e pela procura, torna-se para Proudhon o exemplo por excelência da aplicação do valor constituído... pelo tempo de trabalho.

Para terminar, se a moeda não é um "valor constituído" pelo tempo de trabalho, muito menos ainda poderia ter algo de comum com a justa "proporcionalidade" de Proudhon. O ouro e a prata são sempre trocáveis porque têm a função particular de servir de agente universal de troca e de nenhum modo porque existam numa quantidade proporcional ao conjunto das riquezas; ou, para dizer melhor ainda, são sempre proporcionais porque, entre todas as mercadorias, são as únicas que servem de moeda, de agente universal de troca, seja qual for sua quantidade relativamente ao conjunto das riquezas.

"A moeda em circulação nunca poderia ser suficientemente abundante para transbordar: pois se lhe baixarmos o valor, aumentamos na mesma proporção sua quantidade e, aumentando-lhe o valor, diminuímos sua quantidade" (Ricardo, tomo II).

"Que imbróglio é a economia política!", exclama Proudhon (Tomo I).

"Maldito ouro!" – exclama comicamente um comunista (pela boca de Proudhon). Seria o mesmo que dizer: Maldito trigo, malditas videiras, malditos carneiros; pois, "tal como o ouro e a prata, todo valor comercial deve chegar à sua exata e rigorosa determinação" (Tomo I).

A ideia de fazer chegar os carneiros e as videiras ao estado de moeda não é nova. Na França, pertence ao século de Luís XIV. Nessa época, como o dinheiro começava a estabelecer sua onipotência, havia queixas sobre a depreciação de todas as outras mercadorias e todos aguardavam o momento em que "todo valor comercial" pudesse chegar à sua exata e rigorosa determinação, ao estado de moeda. Aqui está o que já encontramos em Boisguillebert, um dos mais antigos economistas da França:

"O dinheiro, então, com esse aparecimento de inúmeros concorrentes, que serão os próprios produtos restabelecidos em seus justos valores, será colocado em seus limites naturais" (P. Boisguillebert, *Economistes finaciers du XVIII siècle*, Ed. Daire).

Pode-se ver que as primeiras ilusões da burguesia são também as últimas.

b) O excedente do trabalho

"Encontramos nas obras de economia política esta hipótese absurda: Se o preço de todas as coisas dobrasse... Como se o preço de todas as coisas não fosse a proporção das coisas e se se pudesse duplicar uma proporção, uma relação, uma lei" (Proudhon, Tomo I).

Os economistas caíram neste erro por não terem sabido aplicar a "lei de proporcionalidade" e do "valor constituído".

Infelizmente, na própria obra de Proudhon (Tomo I), encontra-se uma hipótese absurda que "se o salário subisse em geral, o preço de todas as coisas subiria". Além disso, se encontramos essa frase nas obras de economia política, também ali encontramos sua explicação.

"Quando se diz que o preço de todas as mercadorias sobe ou baixa, exclui-se sempre alguma mercadoria. A mercadoria excluída é geralmente o dinheiro ou o trabalho" (*Encyclopaedia Metropolitana or Universal Dictionary of Knowledge,* vol. VI, artigo "*Political Economy*", por Senior[18], Londres 1836. Ver também, sobre esta expressão, John Stuart Mill[19], *Essays on Some Unsettled Questions of Political Economy,* Londres, 1844, e Tooke[20], *A History of Prices,* etc., Londres, 1838).

---

[18] Nassau William Senior (1790-1864), economista inglês (NT).

[19] John Stuart Mill (1806-1873), economista e filósofo inglês (NT).

[20] Thomas Tooke (1774-1858), economista inglês (NT).

Passemos agora à segunda aplicação do "valor constituído" e de outras proporcionalidades, cujo único defeito é serem pouco proporcionadas; e vejamos se Proudhon é mais feliz do que na *monetarização* dos carneiros.

"Um axioma geralmente admitido pelos economistas é que qualquer trabalho deve deixar um excedente. Esta afirmação é para mim uma verdade universal e absoluta; é o corolário da lei da proporcionalidade, que se pode considerar um resumo de toda a ciência econômica. Mas, peço perdão aos economistas, o princípio de que qualquer trabalho deve deixar um excedente não tem sentido na sua teoria, e não é susceptível de nenhuma demonstração" (Proudhon, Tomo I).

Para provar que qualquer trabalho deve deixar um excedente, Proudhon personifica a sociedade; faz dela uma *sociedade pessoa,* sociedade que está longe de ser sociedade das pessoas, já que tem suas leis à parte, que nada têm nada de comum com as pessoas de que se compõe a sociedade e sua "inteligência própria", que não a inteligência comum dos homens, mas uma inteligência que não tem senso comum. Proudhon critica os economistas por não terem compreendido a personalidade desse ser coletivo.

Queremos opor-lhe a seguinte passagem de um economista americano que censura aos outros economistas exatamente o contrário: *"A entidade moral (the moral entity),* o ser gramatical (the grammatical being) chamado sociedade, foi vestido com atributos que *não têm existência real exceto na imaginação daqueles que fazem de uma palavra uma coisa...*

Foi por isso que originou muitas dificuldades e alguns deploráveis equívocos na economia política" (Thomas Cooper[21], *Lectures on the Elements of Political Economy*, Columbia, 1826).

"Esse princípio do excedente do trabalho, continua Proudhon, só é verdadeiro para os indivíduos porque emana da sociedade, que assim lhe confere o benefício de suas próprias leis" (Tomo I).

Com isso quererá Proudhon dizer simplesmente que a produção do indivíduo social ultrapassa a do indivíduo isolado? Será a respeito desse excedente da produção dos indivíduos associados sobre a dos indivíduos não associados que Proudhon quer falar? Se assim for,

[21] Thomas Cooper (1759-1840), cientista, político e economista americano (NT).

poderemos citar cem economistas que exprimiram essa simples verdade sem todo o misticismo de que Proudhon se vale. Veja-se o que diz, por exemplo, Sadler[22]:

"O trabalho combinado produz resultados que o esforço individual nunca poderia realizar. Por isso, à medida que a humanidade se multiplica, os produtos de sua indústria unida excederão largamente a importância de uma simples soma calculada sobre esse aumento... Tanto nas artes mecânicas, como no trabalho da ciência, um homem pode fazer mais num dia... do que um indivíduo... solitário poderia realizar em toda a sua vida... A matemática diz... que o todo é igual à soma de todas as suas partes; não é verdadeiro quando aplicado a este assunto. No tocante ao trabalho, esse grande pilar da existência humana (the great pillar of human existence), pode-se dizer que o produto global do esforço combinado excede quase infinitamente tudo o que os esforços separados e individuais poderiam realizar" (Thomas Sadler), *The Law of Population*, Londres, 1830).

Voltemos a Proudhon. Diz ele que o excedente de trabalho se explica pela sociedade pessoa. A vida desta pessoa segue leis opostas às leis que fazem agir o homem como indivíduo, coisa que ele pretende provar com "*fatos*".

"A descoberta de um processo econômico não pode nunca valer ao inventor um lucro igual àquele que proporciona à sociedade... Já se observou que as empresas ferroviárias são muito menos uma fonte de riquezas para os empresários do que para o Estado... O preço médio do transporte de mercadorias por estrada é de 18 cêntimos por tonelada e por quilômetro, sendo a mercadoria recebida e entregue no armazém. Calcula-se que por esse preço, uma empresa ferroviária comum obteria apenas 10% de lucro líquido, resultado quase igual ao de uma empresa de transporte por estrada. Admitamos que a velocidade do transporte por ferrovia esteja para a do transporte por estrada como 4 está para 1: como na sociedade o tempo é o próprio valor, com preço igual a ferrovia apresentará sobre o transporte por estrada uma vantagem de 400%. Contudo, essa vantagem enorme, muito real para a sociedade, está muito longe de se realizar

[22] Michael Thomas Sadler (1780-1835), economista e político inglês (NT).

na mesma proporção para o transportador, pois, enquanto proporciona à sociedade um valor extra de 400%, não chega a retirar para si 10%. Suponhamos, com efeito, para tornar a coisa ainda mais evidente, que a empresa ferroviária eleve sua tarifa para 25 cêntimos, permanecendo a do transporte por rodovia em 18: a primeira perderá imediatamente todos os seus clientes. Expedidores, destinatários, todos voltarão à carroça, se necessário. A locomotiva será abandonada: uma vantagem social de 400% será sacrificada a uma perda privada de 35%. A razão disso é fácil de captar: a vantagem que resulta da rapidez da ferrovia é inteiramente social e cada indivíduo participa nela numa proporção mínima (não esqueçamos que nesse momento se trata apenas do transporte de mercadorias), enquanto que a perda atinge direta e pessoalmente o consumidor. Um lucro social igual a 400% representa para o indivíduo, numa sociedade de apenas um milhão de pessoas, quatro décimos de milésimos; ao passo que uma perda de 33% para o consumidor implicaria um deficit social de 33 milhões" (Proudhon, Tomo I).

Pode-se admitir que Proudhon exprima uma velocidade elevada ao quádruplo por 400% da velocidade primitiva, mas que relacione a porcentagem da velocidade com a porcentagem de lucro e forme uma proporção entre as duas relações que, embora medidas separadamente por porcentagens, são, contudo, incomensuráveis entre si, isso é estabelecer uma proporção entre as porcentagens e deixar de lado suas denominações.

Porcentagens são sempre porcentagens, 10 % e 400 % são comensuráveis, estão uma para a outra como 10 está para 400. Portanto, conclui Proudhon, um lucro de 10% vale quarenta vezes menos que uma velocidade quadruplicada. Para salvar as aparências diz que, para a sociedade, tempo é valor (*time is money*). Este erro vem do fato de se recordar confusamente de que existe uma relação entre o valor e o tempo de trabalho e, apressando-se em assimilar o tempo de trabalho com o tempo de transporte, o que equivale a dizer que identifica os maquinistas, os cobradores e outros poucos trabalhadores, cujo tempo de trabalho equivale ao tempo de transporte, com a sociedade inteira. Dessa forma, fica a velocidade transformada em capital e neste caso, teria toda a razão quando diz: "Um lucro de 400% será sacrificado a uma perda de

35%." Depois de ter estabelecido como matemático esta estranha proposição, dá sua explicação como economista.

"Um lucro social igual a 400 representa para o indivíduo, se a sociedade for apenas de um milhão de pessoas, quatro décimos de milésimos." De acordo; mas não se trata de 400, trata-se de 400%, e um lucro de 400% representa para o indivíduo 400%, nem mais nem menos. Seja qual for o capital, os dividendos serão calculados sempre na relação de 400 %. Que faz Proudhon? Toma a porcentagem pelo capital e, como se receasse que sua confusão não fosse suficientemente manifesta, suficientemente "sensível", continua: "Uma perda de 33% para o consumidor suporia um déficit social de 33 milhões"; 33% de perda para o consumidor continuam sendo 33% de perda para um milhão de consumidores. Como pode seguir dizendo Proudhon que o déficit social, no caso de uma perda de 33%, se eleva a 33 milhões, quando não conhece nem o capital social nem mesmo o capital de um só dos interessados? Assim, não bastava a Proudhon ter confundido o *capital* e suas po*rcentagens*; supera-se identificando o *capital* colocado numa empresa e o *número* dos interessados.

"Suponhamos, com efeito, para tornar a coisa ainda mais sensível", um capital determinado. Um lucro social de 400% distribuído por um milhão de participantes, interessados cada um em 1 franco, dá 4 francos de lucro por cabeça e não 0,0004 como pretende Proudhon. Do mesmo modo, uma perda de 33% para cada um dos participantes representa um déficit social de 330.000 francos e não de 33 milhões (100 : 33 = 1 000 000: 330.000).

Preocupado com sua teoria da sociedade pessoa, Proudhon se esquece de fazer a divisão por 100 e obtém assim 330.000 francos de perda; mas 4 francos de lucro por cabeça fazem para a sociedade 4 milhões de francos de lucro. Resta para a sociedade um lucro líquido de 3.670.000 francos. Esta conta exata demonstra precisamente o contrário do que Proudhon quis demonstrar: que os lucros e perdas da sociedade não estão na razão inversa dos lucros e perdas dos indivíduos.

Depois de corrigidos estes simples erros de puro cálculo, vejamos um pouco as consequências a que se chegaria se quiséssemos admitir para as ferrovias essa relação entre velocidade e capital, como Proudhon a apresenta, tirando os erros de cálculo. Suponhamos que um transporte quatro vezes mais rápido custe quatro vezes mais; esse transporte não daria menos lucro que o transporte por estrada que é quatro vezes mais lento e custa a quarta parte do preço. Portanto, se o transporte por estrada custa 18 cêntimos, a ferrovia poderia cobrar 72 cêntimos. Seria, segundo o "rigor matemático", a consequência das suposições de Proudhon, ainda tirando seus erros de cálculo. Mas eis que subitamente ele diz que, se em vez de 72 cêntimos, a ferrovia levasse apenas 25, perderia imediatamente todos os seus clientes. Decididamente, é preciso voltar à carroça. Se tivéssemos, contudo, um conselho a dar a Proudhon, seria o de não esquecer de seu "Programa da associação progressiva", a divisão por 100. Mas infelizmente não podemos ter esperança de que nosso conselho seja ouvido, pois Proudhon está de tal modo encantado com seu cálculo "progressivo" correspondente à "associação progressiva", que exclama com grande ênfase:

"Já mostrei no capítulo II, pela solução da antinomia do valor, que a vantagem de toda a descoberta útil é incomparavelmente menor para o inventor, seja o que for que ele faça, do que para a sociedade; levei a demonstração deste ponto até o rigor matemático!" (Tomo I).

Voltemos à ficção da sociedade pessoa, ficção que tinha por único fim provar esta simples verdade: uma invenção nova, que permita produzir com a mesma quantidade de trabalho maior quantidade de mercadorias, faz baixar o valor de venda do produto. A sociedade consegue, portanto, um lucro, não obtendo mais valores de troca, mas obtendo mais mercadorias pelo mesmo valor. Quanto ao inventor, a concorrência faz cair sucessivamente seu lucro até ao nível geral dos lucros. Proudhon provou esta afirmação como pretendia? Não. Isso não o impede de criticar os economistas por terem falhado nessa demonstração. Para lhe provar o contrário, vamos citar apenas Ricardo e Lauderdale; Ricardo, chefe da escola que determina o valor pelo tempo de trabalho, Lauderdale, um dos defensores mais intransigentes do valor pela oferta e a procura. Ambos desenvolveram a mesma tese.

"Aumentando constantemente a facilidade de produção, diminuímos constantemente o valor de algumas das coisas anteriormente produzidas, embora por esse meio não só tornemos maior a riqueza nacional, mas aumentamos ainda a faculdade

de produzir para o futuro... Quando por meio das máquinas, ou por nossos conhecimentos de física, forçamos os agentes naturais a executarem a obra que o homem anteriormente fazia como consequência cai o valor de troca dessa obra. Se fossem necessários dez homens para mover um moinho de trigo e se descobrisse que por meio do vento ou da água o trabalho desses dez homens poderia ser poupado, a farinha que seria o produto da ação do moinho cairia de valor a partir desse momento, proporcionalmente à soma de trabalho poupado; e a sociedade ficaria enriquecida por todo o valor das coisas que o trabalho desses dez homens poderia produzir, já que os fundos destinados ao sustento dos trabalhadores não sofreram por esse fato a mínima diminuição" (Ricardo, Tomo II).

Lauderdale, por seu vez, diz:

"O lucro dos capitalistas provém sempre de que eles suprem uma porção de trabalho que o homem deveria fazer com as próprias mãos, ou do fato de levarem a efeito uma porção de trabalho acima dos esforços pessoais do homem e que este não poderia executar. O pequeno lucro que em geral os proprietários das máquinas obtêm, comparado com o preço do trabalho que elas suprem, fará nascer talvez dúvidas sobre a justeza dessa opinião. Uma bomba a vapor, por exemplo, tira num dia mais água de uma mina de carvão do que trezentos homens que transportem a água nas costas, mesmo com a ajuda de baldes; e não deixa dúvida de que ela substitui o trabalho deles com muito menos gastos. É o que acontece com todas as máquinas. O trabalho que era feito pela mão do homem, que elas substituíram, devem fazê-lo por um preço mais baixo... Suponhamos que se dê uma patente ao inventor de uma máquina que faz o trabalho de quatro: como o privilégio exclusivo impede toda a concorrência, exceto a que resulta do trabalho dos operários, é evidente enquanto durar o privilégio, será o salário deles a medida do preço que o inventor deve pedir a seus produtos. Isso significa que, para garantir emprego, ele exigirá um pouco menos que o salário do trabalho que sua máquina supre. Mas quando terminar o privilégio, usam-se outras máquinas da mesma espécie e concorrerão com a sua. Regulará então seu preço pelo princípio geral, fazendo-o depender da abundância de máquinas. O lucro dos fundos empregados... ainda que resulte de um trabalho substituído, regula-se finalmente, não pelo valor desse

trabalho, mas como em todos os outros casos, pela concorrência entre os proprietários dos fundos; e seu grau é sempre fixado pela proporção entre a quantidade dos capitais oferecidos para essa função e a procura que se manifesta."

Finalmente, enquanto o lucro for maior que nas outras indústrias, haverá capitais que se lançarão à indústria nova, até que a taxa dos lucros tenha descido ao nível comum. Acabamos de ver que o exemplo da ferrovia não era adequado para esclarecer a ficção da sociedade pessoa. Contudo, Proudhon retoma corajosamente seu discurso:

"Esclarecidos estes pontos, nada mais fácil do que explicar como o trabalho deve deixar a cada produtor um excedente" (Tomo I).

O que se segue agora pertence à Antiguidade clássica. É um conto poético feito para repousar o leitor das fadigas que lhe deve ter causado o rigor das demonstrações matemáticas precedentes. Proudhon dá à sua sociedade pessoa o nome de *Prometeu*, cujos grandes feitos glorifica nestes termos:

"Prometeu, logo ao sair do seio da natureza, acorda para a vida humana numa inércia cheia de encantos, etc... Prometeu lança-se ao trabalho e, desde o primeiro dia, o primeiro dia da segunda criação, o produto de Prometeu, isto é, sua riqueza, seu bem-estar, é igual a dez. No segundo dia, Prometeu divide seu trabalho e seu produto torna-se igual a cem. No terceiro dia e em cada um dos dias seguintes Prometeu inventa máquinas, descobre novas utilidades nos corpos, novas forças da natureza... A cada passo que sua indústria dá, o volume de sua produção aumenta e lhe anuncia um excedente de felicidade. E, finalmente, como para ele consumir é produzir, é claro que cada dia de consumo leva apenas o produto da véspera, deixa um excedente de produto para o dia seguinte" (Tomo I).

Este Prometeu de Proudhon é um estranho personagem, tão fraco em lógica como em economia política. Enquanto Prometeu se limita a ensinar a divisão do trabalho, a aplicação das máquinas, a exploração das forças naturais e do poder científico, multiplicando as forças produtivas dos homens e dando um excedente comparado com aquilo que produz o trabalho isolado, sua única infelicidade é ter chegado muito tarde. Mas logo que Prometeu começa a falar de produção e de consumo, torna-se realmente grotesco. Consumir, para ele, é produzir; consome no dia seguinte aquilo que produziu na véspera, tendo assim sempre um dia de avanço; este dia de avanço é seu "excedente de trabalho". Mas, consumindo no dia seguinte aquilo que produziu na véspera, é necessário que no primeiro dia, que não tinha véspera, tenha trabalhado para dois dias, a fim de ter depois um dia adiantado. Como é que Prometeu ganhou no primeiro dia esse excedente, quando não havia nem divisão de trabalho, nem máquinas, nem mesmo outros conhecimentos das forças físicas, além do fogo? Assim a questão, pelo fato de ter sido recuada "até o primeiro dia da segunda criação", não avançou um passo. Esse modo de explicar as coisas se prende ao mesmo tempo ao grego e ao hebraico, é ao mesmo tempo místico e alegórico, dá perfeitamente a Proudhon o direito de dizer:

"Demonstrei pela teoria e pelos fatos o princípio de que todo trabalho deve deixar um excedente" (Tomo I).

Os fatos são o famoso cálculo progressivo, a teoria é o mito de Prometeu.

"Mas, continua Proudhon, este princípio tão certo como uma proposição de aritmética está longe ainda de se realizar para todos. Enquanto, pelo progresso da indústria coletiva, cada dia de trabalho individual obtém um produto cada vez maior e, por conseguinte, necessária, enquanto o trabalhador, com o mesmo salário, deveria se tornar cada vez mais rico, existem na sociedade estados que prosperam e outros que declinam" (Tomo I).

Em 1770, a população da Grã-Bretanha era de 15 milhões e a população produtiva era de 3 milhões. O poder científico da produção igualava uma população de mais de 12 milhões de indivíduos; portanto, havia 15 milhões de forças produtivas. Assim, o poder produtivo estava para a população como 1 está para 1, e o poder científico estava para o poder manual como 4 está para 1.

Em 1840, a população não ultrapassava os 30 milhões: a população produtiva era de 6 milhões, enquanto que o poder científico atingia 650 milhões, o que quer dizer que estava para o total da população como 21 está para 1, e para o poder manual como 108 está para 1.

Na sociedade inglesa, o dia de trabalho ganhou, portanto, em setenta anos um excedente de 2.700% de produtividade, o que significa que em 1840 produziu vinte e sete vezes mais que em 1770. Segundo Proudhon, seria necessário pôr a seguinte questão:

por que é que o operário inglês de 1840 não era vinte e sete vezes mais rico que o de 1770? Colocando essa questão, naturalmente que os ingleses teriam podido produzir essas riquezas sem que as condições históricas nas quais elas foram produzidas, tais como a acumulação privada dos capitais, a divisão moderna do trabalho, a oficina automática, a concorrência anárquica, enfim, tudo o que se baseia no antagonismo das classes tivesse existido. Ora, para o desenvolvimento das forças produtivas e do excedente de trabalho, eram precisamente essas as condições de existência. Portanto, para obter esse desenvolvimento das forças produtivas e esse excedente de trabalho, era necessário que existissem classes que aproveitassem e classes que se definhassem.

Afinal, o que vem a ser esse Prometeu ressuscitado por Proudhon? É a sociedade, são as relações sociais baseadas no antagonismo das classes. Estas relações são não relações de indivíduo para indivíduo, mas de operário para capitalista, de arrendatário para proprietário rural, etc. Esqueçam essas relações e terão aniquilado toda a sociedade e seu Prometeu não passará de um fantasma sem braços nem pernas, isto é, sem fábrica automática, sem divisão de trabalho privado, enfim, de tudo o que lhe havia sido dado a princípio para que pudesse ter esse excedente de trabalho.

Se, na teoria, como faz Proudhon, bastava interpretar a fórmula do excedente de trabalho no sentido da igualdade, sem levar em consideração as condições atuais da produção, deveria bastar, na prática, fazer entre operários uma distribuição igualitária de todas as riquezas adquiridas, sem alterar em nada as condições atuais da produção. Essa repartição não garantiria um grande grau de conforto a cada um dos participantes.

Mas Proudhon não é tão pessimista como se poderia crer. Como a proporcionalidade é tudo para ele, não poderia deixar de ver no Prometeu pronto e acabado, isto é, na sociedade atual, um começo de realização de sua ideia favorita. *"Mas por toda parte o progresso da riqueza, isto é, a proporcionalidade dos valores, é também a lei dominante e quando os economistas opõem às queixas do partido social o aumento progressivo da fortuna pública e o alívio introduzidos na condição das classes, mesmo as mais desfavorecidas, proclamam, sem que o compreendam, uma verdade que é a condenação de suas teorias"* (Tomo I).

Com efeito, o que é a riqueza coletiva, a fortuna pública? É a riqueza da burguesia e não a de cada burguês em particular. Pois bem, os economistas não fizeram outra coisa senão demonstrar como, nas relações de produção tal como elas existem, a riqueza da burguesia se desenvolveu e deve aumentar ainda. Quanto às classes operárias, é ainda uma questão muito contestada saber se sua condição melhorou em resultado do crescimento da riqueza pretensamente pública. Se os economistas, em apoio de seu otimismo, citam o exemplo dos operários ingleses da indústria algodoeira, só veem sua situação nos raros momentos de prosperidade do comércio. Esses momentos de prosperidade estão para as épocas de crise e de estagnação na justa proporção de 3 para 10. Mas, ao falar de melhoria, os economistas tinham querido falar daqueles milhões de operários que tiveram de morrer nas Índias Orientais para assegurar ao milhão e meio de operários ocupados na Inglaterra na mesma indústria três anos de prosperidade em cada dez.

Quanto à participação temporária no crescimento da riqueza pública, é diferente. O fato da participação temporária se explica pela teoria dos economistas. É sua confirmação e de modo algum sua "condenação", como diz Proudhon. Se houvesse alguma coisa a condenar, certamente seria o sistema de Proudhon, o qual reduziria, como demonstraremos, o operário ao mínimo de salário, apesar do crescimento das riquezas. Só ao reduzi-lo ao mínimo de salário ele teria feito uma aplicação da justa proporcionalidade dos valores, do "valor constituído", pelo tempo de trabalho. É porque o salário, devido à concorrência, oscila para cima ou para baixo do preço dos alimentos necessários ao sustento do operário, que este pode participar minimamente do desenvolvimento da riqueza coletiva, podendo também morrer de miséria. É nisso que consiste toda a teoria dos economistas que não alimentam ilusões.

Após suas longas divagações a respeito das ferrovias, de Prometeu e da nova sociedade a reconstruir na base do "valor constituído", Proudhon se retira; a emoção o envolve e ele exclama com um tom paternal:

"Conjuro os economistas a se interrogarem por um momento, no silêncio de seu coração, longe dos preconceitos que os perturbam e independentemente dos empregos que ocupam ou que esperam, dos interesses que servem, dos sufrágios que ambicionam, das

distinções com que sua vaidade se embala: que digam se até hoje o princípio de que todo o trabalho deve deixar um excedente lhes tinha aparecido com esse encadeamento de condições prévias e de consequências para as quais chamamos a atenção" (Tomo I).

CAPÍTULO II

A METAFÍSICA DA ECONOMIA POLÍTICA

1. O MÉTODO

Aqui estamos em plena Alemanha! Teremos agora de falar a linguagem metafísica, sem deixar de falar, ao mesmo tempo, de economia política. E também nos limitamos a seguir as "contradições" de Proudhon. Há pouco ele nos forçava a falar inglês, a tornarmo-nos razoavelmente ingleses. Agora o cenário muda, Proudhon nos transporta para nossa querida pátria e obriga-nos a retomar nossa qualidade de alemão.

Se o inglês transforma os homens em chapéus, o alemão transforma os chapéus em ideias. O inglês é Ricardo, rico banqueiro e economista distinto; o alemão é Hegel[1], simples professor de filosofia na Universidade de Berlim.

Luís XV, o último rei absoluto, e que representava a decadência da realeza francesa, tinha ligado à sua pessoa um médico que era o primeiro economista da França. Esse médico, esse economista representava o triunfo iminente e seguro da burguesia francesa. O doutor Quesnay[2] fez da economia política uma ciência; resumiu-a

---

[1] Georg Wilhelm Friedrich Hegel (1770-1831), filósofo alemão (NT).

[2] François Quesnay (1694-1774), médico e economista francês (NT).

em seu famoso *Tableau économique* (Quadro econômico). Para os mil e um comentários que surgiram sobre esse quadro, possuímos um do próprio doutor. É a "*Analyse du Tableau économique*", seguida de "sete *observações importantes*".

Proudhon é outro doutor Quesnay. É o Quesnay da metafísica da economia política.

Ora, a metafísica, toda a filosofia, resume-se, segundo Hegel, no método. É, portanto, necessário que procuremos esclarecer o método de Proudhon, que é pelo menos tão tenebroso como o *Tableau économique*. É por isso que faremos sete observações mais ou menos importantes. Se o doutor Proudhon não ficar contente com nossas observações, que se transforme num abade Baudeau[3] e dê ele próprio a "explicação do método econômico-metafísico".

Primeira observação

"Não faremos uma história segundo a ordem dos tempos, mas segundo a sucessão das ideias. As fases ou categorias econômicas em sua manifestação, por vezes contemporâneas, por vezes invertidas... Nem por isso as teorias econômicas não deixam de ter sua sucessão lógica e sua série no entendimento: é essa ordem que nos orgulhamos de ter descoberto" (Proudhon, Tomo I).

Decididamente, Proudhon quis amedrontar os franceses, atirando-lhes no rosto frases quase hegelianas. Por isso temos que tratar com dois homens, primeiro Proudhon, depois Hegel. Como é que Proudhon se distingue dos outros economistas? E Hegel, que papel desempenha na economia política de Proudhon?

Os economistas exprimem as relações da produção burguesa, a divisão do trabalho, o crédito, a moeda, etc., como categorias fixas, imutáveis, eternas. Proudhon, que tem diante de si essas categorias já formadas, quer explicar o ato de formação, a geração dessas categorias, princípios, leis e pensamentos.

Os economistas explicam de que modo se produzem essas relações determinadas, mas o que eles não explicam é como é que essas relações se produzem, isto é, o movimento histórico que

---

[3] Nicolas Baudeau (1730-1792), padre e economista francês (NT).

as fazem nascer. Tendo tomado essas relações como princípios, categorias, pensamentos abstratos, Proudhon tem apenas que pôr em ordem esses pensamentos que se encontram alfabeticamente ordenados no fim de qualquer tratado de economia política. Os materiais dos economistas são feitos pela vida ativa e atuante dos homens; os materiais de Proudhon pelos dogmas dos economistas. Mas quando não se visa o movimento histórico das relações de produção, do qual as categorias não são mais do que a expressão teórica, a partir do momento em que não se quer mais ver nessas categorias, ideias, pensamentos espontâneos, independentes das relações reais, somos obrigados a atribuir como origem desses pensamentos o movimento da razão pura. De que modo a razão pura, eterna, impessoal faz surgir esses pensamentos? De que modo procede para produzi-los?

Se tivéssemos a coragem de Proudhon em matéria de hegelianismo, diríamos: ela se distingue em si mesma de si mesma. Que significa isso? Não tendo a razão impessoal fora de si, não tendo fora de si nem terreno sobre o qual se possa colocar objeto a quem se possa se opor, nem sujeito com o qual se possa compor, vê-se forçada a dar uma cambalhota, pondo-se, opondo-se e compondo-se, posição, oposição, composição. Se falarmos grego, temos a tese, a antítese e a síntese. Quanto aos que não conhecem a linguagem hegeliana, apresento a fórmula sacramental: afirmação, negação e negação da negação. Eis o que significa tudo isso. Não se trata certamente do hebraico, que Proudhon nos desculpe; mas é a linguagem dessa razão pura, separada do indivíduo. Em vez do indivíduo comum, com sua maneira comum de falar e de pensar, não temos outra coisa senão essa maneira comum e toda pura, menos o indivíduo.

Haverá razão para se espantar se todas as coisas, em última abstração, pois há abstração e não análise, se apresentem no estado de categoria lógica? Haverá razão de espanto se, ao deixar pouco a pouco tudo o que constitui a individualidade [*individualisme*] de uma casa, ao abstrair os materiais de que ela se compõe e da forma que a distingue, chegarmos a não ter mais que um corpo, se ao abstrair os limites desse corpo em breve tivermos apenas um espaço, enfim, ao abstrair das dimensões desse espaço, acabamos por ter apenas a quantidade pura, a categoria lógica? À força de abstrair assim qualquer assunto, todos os pretensos acidentes, animados ou inanimados, homens ou coisas, temos razão em dizer que em última abstração se chega a ter como substância as categorias lógicas. Assim, os metafísicos que, fazendo essas abstrações, imaginam que estão fazendo análise e que, à medida que se separam cada vez mais dos objetos, imaginam que estão se aproximando deles a ponto de penetrá-los, por sua vez têm razão em dizer que as coisas aqui embaixo são bordados, cuja entretela é formada pelas categorias lógicas. E isso que distingue o filósofo do cristão. O cristão tem apenas uma encarnação de *Logos*, a despeito da lógica; o filósofo não acaba nunca as encarnações. Que tudo o que existe, que tudo o que vive sobre a terra e sob a água possa, à força de abstração, ser reduzido a uma categoria lógica e que, desse modo, todo o mundo real possa mergulhar no mundo das abstrações, no mundo das categorias lógicas, quem se espantará com isso?

Tudo o que existe, tudo o que vive sobre a terra e sob a água, não existe, não vive senão por um movimento qualquer. Assim, o movimento da história produz as relações sociais, o movimento industrial nos dá os produtos industriais, etc.

Como à força de abstração transformamos todas as coisas em categorias lógicas, basta apenas abstrair qualquer caráter distintivo dos diferentes movimentos para chegar ao movimento em estado abstrato, ao movimento puramente formal, à fórmula puramente lógica do movimento. Se encontramos nas categorias lógicas a substância de todas as coisas, imaginamos encontrar na fórmula lógica do movimento o *método absoluto*, que não só explica todas as coisas, como implica ainda o movimento das coisas.

É desse método absoluto que Hegel fala nestes termos:

"O método é a força absoluta, única, suprema, infinita, à qual nenhum objeto poderia resistir, é a tendência da razão para se reconhecer a si própria em todas as coisas" (*Lógica*, vol. III).

Sendo todas as coisas reduzidas a uma categoria lógica e todo movimento, todo o ato de produção ao método, naturalmente se segue que qualquer conjunto de produtos e de produção, de objetos e de movimento, se reduz a uma metafísica aplicada. Aquilo que Hegel fez para a religião, o direito, etc., Proudhon procura fazer em relação à economia política.

O que é então esse método absoluto? A abstração do movimento. Que é a abstração do movimento? O movimento no estado abstrato. Que é movimento no estado abstrato? A fórmula puramente lógica do movimento ou o movimento da razão pura. Em que consiste o movimento da razão pura? Em pôr-se, em opor-se, em compor-se, em formular como tese, antítese, síntese, ou então em afirmar-se, em negar-se, em negar sua negação.

Como faz a razão para se afirmar, para se apresentar como categoria determinada? É essa a tarefa da própria razão e de seus apologistas.

Mas uma vez que conseguiu se afirmar como tese, essa tese, esse pensamento, oposto a si mesmo, se desdobra em dois pensamentos contraditórios, o positivo e o negativo, o sim e o não. A luta desses dois elementos antagônicos, encerrados na antítese, constitui o movimento dialético. Tornando-se sim em não, o não tornando-se sim, o sim tornando-se simultaneamente sim e não, o não tornando-se simultaneamente não e sim, os contrários se equilibram, se neutralizam, se paralisam. A fusão desses dois pensamentos contraditórios constitui um pensamento novo, que é sua síntese. Esse pensamento novo se desenvolve ainda em dois pensamentos diferentes, que se fundem por sua vez numa nova síntese. Desse trabalho de geração nasce um grupo de pensamentos. Esse grupo de pensamentos segue o mesmo movimento dialético de uma categoria simples e tem por antítese um grupo contraditório. Desses dois grupos de pensamento nasce um novo grupo de pensamentos, que é sua síntese.

Da mesma maneira que do movimento dialético das categorias simples nasce o grupo, do movimento dialético dos grupos nasce a série e do movimento dialético das séries nasce todo o sistema.

Apliquem esse método às categorias da economia política e terão a lógica e a metafísica da economia política ou, em outras palavras, terão as categorias econômicas conhecidas de todos, traduzidas numa linguagem pouco conhecida, que lhes dá o ar de terem desabrochado numa razão pura; de tal modo essas categorias parecem originar-se umas às outras, encadear-se a enredar-se umas nas outras apenas pelo trabalho do movimento dialético. Que o leitor não se espante com esta metafísica cheia de andaimes de categorias, de grupos, de séries e de sistemas. Apesar do grande esforço que realizou para escalar a altura do *sistema das contradições,* Proudhon nunca conseguiu elevar-se acima dos dois primeiros degraus da tese e da antítese simples e, mesmo assim, só os subiu duas vezes e numa dessas duas vezes caiu de costas.

Até agora, apenas expusemos a dialética de Hegel. Veremos mais tarde como Proudhon conseguiu reduzi-la às mais mesquinhas proporções. Assim, para Hegel, tudo o que se passou e se passa ainda é praticamente o que se passa em seu próprio raciocínio. Assim a filosofia da história não é mais do que a história da filosofia, de sua própria filosofia. Já não existe "história segundo a ordem dos tempos", mas apenas a "sucessão das ideias no entendimento". Ele acredita poder construir o mundo pelo movimento do pensamento, quando apenas reconstrói sistematicamente e ordena sob o método absoluto os pensamentos que estão na cabeça de todos.

Segunda observação

As categorias econômicas são apenas as expressões teóricas, as abstrações das relações sociais da produção. Como verdadeiro filósofo, Proudhon, tomando as coisas pelo avesso, só vê nas relações reais as encarnações desses princípios, dessas categorias que, diz ainda Proudhon filósofo, dormitavam no seio da "razão impessoal da humanidade".

Proudhon economista compreendeu muito bem que os homens fabricam o pano, os tecidos de seda em determinadas relações de produção. Mas o que ele não compreendeu é que essas relações sociais determinadas são também produzidas pelos homens, da mesma maneira que o tecido, o linho, etc. As relações sociais estão intimamente ligadas às forças produtivas. Adquirindo novas forças produtivas, os homens mudam seu modo de produção e, mudando o modo de produção, a maneira de ganhar a vida, mudam todas as suas relações sociais. O moinho manual nos dará a sociedade com o suserano; o moinho a vapor, a sociedade com o capitalismo industrial.

Os mesmos homens que estabelecem as relações sociais em conformidade com sua produtividade material produzem também os princípios, as ideias, as categorias, em conformidade com as suas relações sociais.

Assim, essas ideias, essas categorias são tão pouco eternas quanto as relações que exprimem. São *produtos históricos e transitórios*.

Existe um movimento contínuo de crescimento nas forças produtivas, de destruição nas relações sociais, de formação nas ideias; de imutável só existe a abstração do movimento – *mors immortalis* (morte imortal).

Terceira observação

As relações de produção de qualquer sociedade formam um todo. Proudhon considera as relações econômicas como outras tantas fases sociais, engendrando-se umas às outras, resultando umas das outras como a antítese da tese e realizando em sua sucessão lógica a razão impessoal da humanidade.

O único inconveniente desse método é que, abordando o exame de uma só dessas fases, Proudhon não pode explicá-la sem recorrer a todas as outras relações da sociedade, relações que, contudo, ele ainda não originou por seu movimento dialético. Quando, depois disso, Proudhon, por meio da razão pura passa à criação das outras fases, faz de conta que se trata de recém-nascidos, esquece que têm a mesma idade da primeira.

Assim, para chegar à constituição do valor, que para ele é a base de todas as evoluções econômicas, não podia dispensar a divisão do trabalho, a concorrência, etc. Contudo, na *série,* no entendimento de Proudhon, na *sucessão lógica,* essas relações ainda não existiam.

Quando se constrói com as categorias da economia política o edifício de um sistema ideológico, os membros do sistema social são deslocados. Os diferentes membros da sociedade são transformados em outras tantas sociedades à parte, que se sucedem umas às outras. Como, com efeito, poderia a fórmula lógica do movimento, da sucessão, do tempo, explicar o corpo da sociedade, no qual todas as relações coexistem simultaneamente e se dão suporte umas às outras?

Quarta observação

Vejamos agora que modificações Proudhon introduz na dialética de Hegel ao aplicá-la à economia política.

Para Proudhon, qualquer categoria econômica tem dois lados, um bom e outro mau. Considera as categorias como o pequeno burguês encara os grandes homens da história: *Napoleão* é um grande homem; fez muita coisa boa, mas também fez muita coisa má.

O *lado bom* e o *lado mau*, a *vantagem* e a desvantagem, consideradas em conjunto, formam para Proudhon a *contradição* em cada categoria econômica.

Problema a resolver: conservar o lado bom, eliminando o mau.

A *escravidão* é uma categoria econômica como qualquer outra. Logo, tem também seus dois lados. Deixemos o lado mau e falemos do lado belo da escravidão: fique bem claro que se trata apenas da escravidão direta, da escravidão dos negros no Suriname, no Brasil, nas regiões meridionais da América do Norte.

A escravidão direta é o eixo da indústria burguesa, tal como as máquinas, o crédito, etc. Sem a escravidão não há algodão; sem algodão não há indústria moderna. Foi a escravidão que deu às colônias o seu valor, foram as colônias que criaram o comércio mundial, que é a condição da grande indústria. Assim, a escravidão é uma categoria econômica da maior importância.

Sem a escravidão, a América do Norte, o país de maior progresso, se transformaria em país patriarcal. Tire-se a América do Norte do mapa do mundo e se terá a anarquia, a decadência completa do comércio e da civilização moderna. Faça-se desaparecer a escravidão e se terá anulado a América do mapa dos povos[4].

Por isso a escravidão, por ser uma categoria econômica, sempre existiu nas instituições dos povos. Os povos modernos só souberam disfarçar a escravidão em seu próprio país e impondo-a sem disfarce ao novo mundo.

Como fará Proudhon para salvar a escravidão? Apresentará o *problema*: conservar o lado bom dessa categoria econômica é eliminar o mau.

---

[4] Isso era completamente exato no ano de 1847. Nessa altura o comércio mundial dos Estados Unidos limitava-se principalmente à importação de imigrantes e de produtos industriais e à exportação de algodão e de tabaco, quer dizer, de produtos do trabalho dos escravos do sul. Os Estados do norte produziam principalmente trigo e carne para os estados escravistas. Foi só a partir do momento em que o norte começou a produzir trigo e carne para a exportação e se tornou paralelamente um país industrial e a partir do momento em que, para o monopólio americano do algodão, surgiu uma poderosa concorrência na Índia, no Egito, no Brasil, etc., a abolição da escravatura se tornou possível. Mesmo então teve como consequência a ruína do sul que não conseguiu substituir a escravatura aberta dos negros pela escravatura camuflada dos *kulis* chineses e indianos (*Nota de Engels para a edição alemã de 1885*).

Hegel não tem problemas a colocar. Só tem a dialética. Da dialética de Hegel, Proudhon tem apenas a linguagem. O movimento dialético para ele é a distinção dogmática do bom e do mau.

Tomemos por um instante o próprio Proudhon como categoria. Examinemos seu lado bom e seu lado mau, suas vantagens e inconvenientes.

Se ele tem sobre Hegel a vantagem de pôr problemas, que trata de resolver para o bem da humanidade, tem o inconveniente de ser atacado de esterilidade quando se trata de criar pelo trabalho de elaboração dialética uma categoria nova. O que constitui o movimento dialético é a coexistência dos dois lados contraditórios, sua luta e sua fusão numa categoria nova. Basta colocar o problema de eliminar o lado mau para se ter o movimento dialético. Não é a categoria que se põe e se opõe a si mesma por natureza contraditória, é Proudhon que se comove, se debate, se agita entre os dois lados da categoria.

Surpreendido assim num beco sem saída, de onde é difícil sair pelos meios legais, Proudhon dá um verdadeiro salto que o transporta de uma só vez para uma categoria nova. É então que se revela diante de seus olhos a *série no entendimento*.

Toma a primeira categoria que aparece e lhe atribui arbitrariamente a qualidade de remediar os inconvenientes da categoria que é preciso depurar. Por isso os impostos corrigem, se dermos crédito a Proudhon, os inconvenientes do monopólio; a balança do comércio, os inconvenientes dos impostos; a propriedade fundiária, os inconvenientes do crédito.

Tomando assim sucessivamente as categorias econômicas, uma a uma, e fazendo desta o *antídoto* daquela, Proudhon chega a fazer com essa mistura de contradições e de antídoto para as contradições, dois volumes de contradições, a que justamente chama de *Système des contradictions économiques* (Sistema das contradições econômicas).

Quinta observação

"Na razão absoluta todas essas ideias... são igualmente simples e gerais... De fato, só chegamos à ciência por uma espécie de sobreposição de nossas ideias. Mas a verdade em si é independente

dessas figuras dialéticas e livres das combinações de nosso espírito" (Proudhon, Tomo II).

E assim de repente, por uma espécie de reviravolta, cujo segredo agora conhecemos, a metafísica da economia política se tornou uma ilusão! Nunca Proudhon acertou tanto. A partir do momento em que o processo do movimento dialético se reduz ao simples processo de opor o bom e o mau, de colocar problemas que tendem a eliminar o mau e a apresentar uma categoria como antídoto à outra, as categorias já deixam de ter espontaneidade; a ideia "já não *funciona*"; já não tem vida em si mesma. Já não se põe nem se decompõe em categorias. A sucessão das categorias tornou-se uma espécie de *sobreposição*. A dialética já não é o movimento da razão absoluta. Já não há dialética, há quando muito moral pura e simples.

Quando Proudhon falava da *série no entendimento*, da *sucessão lógica das categorias*, declarava positivamente que não queria apresentar a *história segundo a ordem dos tempos*, isto é, segundo Proudhon, a sucessão histórica na qual as categorias se *manifestaram*. Tudo se passava então para ele no *éter puro da razão*. Tudo devia decorrer desse éter por meio da dialética. Agora que o problema consiste em pôr em prática essa dialética, falta-lhe a razão. A dialética de Proudhon não corresponde à dialética de Hegel e vemos que Proudhon é levado a dizer que a ordem pela qual apresenta as categorias econômicas já não é a ordem na qual elas se originam umas às outras. As evoluções econômicas já não são as evoluções da própria razão.

Que nos apresenta então Proudhon? A história real, isto é, segundo o entendimento de Proudhon, a sucessão segundo a qual as categorias se *manifestaram* na ordem dos tempos? Não. A história tal como se passa na própria ideia? Menos ainda. Assim, nem a história profana das categorias, nem sua história sagrada! Que história apresenta ele? A história de suas próprias contradições. Vejamos como elas caminham e como arrastam atrás de si Proudhon.

Antes de abordar este exame, que dá lugar à sexta observação importante, temos ainda uma observação menos importante a fazer.

Admitamos como Proudhon que a história real, a história segundo a ordem dos tempos, é a sucessão histórica na qual as ideias, as categorias, os princípios se manifestaram.

Cada princípio teve seu século, para nele se manifestar: o princípio de autoridade, por exemplo, teve o século XI, tal como o princípio do individualismo o século XVIII. De consequência em consequência, era o século que pertencia ao princípio e não o princípio que pertencia ao século. Em outras palavras, era o princípio que fazia a história e não era a história que fazia o princípio. Quando, em seguida, para salvar tanto os princípios como a história, nos perguntamos por que é que tal princípio se manifestou no século XI ou no século XVIII e não em qualquer outro, somos necessariamente levados a examinar minuciosamente como eram os homens do século XI, como eram os do século XVIII, quais eram suas necessidades respectivas, suas forças produtivas, seu modo de produção, as matérias-primas de sua produção, enfim, quais eram as relações de homem para homem que resultavam de todas essas condições de existência. Aprofundar todas essas questões não será fazer a história real, profana, dos homens em cada século, apresentar esses homens simultaneamente como os autores e os atores de seu próprio drama? Mas a partir do momento em que se representa o homem como o ator e o autor de sua própria história, chega-se, por um desvio, ao verdadeiro ponto de partida, visto que se abandona os princípios eternos de que inicialmente se falava.

Proudhon nem sequer avançou no atalho que o ideólogo segue para chegar à grande estrada da história.

Sexta observação

Sigamos com Proudhon o atalho a que nos referimos.

Admitamos que as relações econômicas, encaradas como *leis imutáveis, princípios eternos, categorias ideais*, tenham sido anteriores aos homens ativos e atuantes; admitamos ainda que essas leis, esses princípios, essas categorias tenham, desde a origem dos tempos, dormitado "na razão impessoal da humanidade". Já vimos que, com todas essas eternidades imutáveis e imóveis, já não há história; há quando muito história na ideia, isto é, a história que se reflete no movimento dialético da razão pura. Ao dizer que, no movimento dialético, as ideias já não se "*diferenciam*", Proudhon anulou tanto a sombra do movimento como o *movimento das sombras*, por meio das quais se poderia no máximo criar ainda um simulacro da história. Em vez disso, ele atribui à história sua própria impotência, culpa tudo, até a língua francesa.

"Não é exato dizer, afirma Proudhon filósofo, que algo acontece, algo se produz; tanto na civilização como no universo, tudo existe, tudo atua desde sempre. O mesmo se passa com toda a economia social" (Proudhon, Tomo II).

E tal é a força produtora das contradições que funcionam e que fazem funcionar Proudhon que, ao querer explicar a história, é forçado a negá-la, que, ao querer explicar sucessão das relações sociais, nega que algo possa acontecer, que, ao querer explicar a produção com todas as suas fases, nega que qualquer coisa possa produzir-se.

Assim, para Proudhon não há mais história, não há mais sucessão das ideias e, contudo, seu livro subsiste; e este livro é precisamente, segundo sua própria expressão, a história segundo a sucessão das ideias. Como encontrar uma fórmula, pois, Proudhon é o homem das fórmulas, que o ajude a transpor de uma só vez para além de todas as suas contradições?

Para isso ele inventou uma razão nova, que não é nem a razão absoluta, pura e virgem, nem a razão comum dos homens ativos e atuantes nos diferentes séculos, mas que é uma razão totalmente à parte, a razão da sociedade-pessoa, do sujeito-*humanidade* que, através da pena de Proudhon, por vezes aparece também como "*gênio social*", *razão geral* e, em último lugar, como *razão humana*... Esta razão, de tantos nomes, se dá, contudo, a conhecer a cada instante como a razão individual de Proudhon, com seu lado bom e seu lado mau, seus antídotos e seus problemas.

"A razão humana não cria a verdade", escondida nas profundezas da razão absoluta, eterna. Apenas pode desvendá-la. Mas as verdades que ela desvendou até hoje são incompletas, insuficientes e, portanto, contraditórias. Então, as categorias econômicas, sendo elas mesmas verdades descobertas, reveladas pela razão humana, pelo gênio social, são também incompletas e contêm o embrião da contradição. Antes de Proudhon, o gênio social só viu os *elementos antagônicos* e não a *fórmula sintética,* ambos simultaneamente ocultos na *razão absoluta*. Limitando-se a realizar na terra essas verdades insuficientes, essas categorias incompletas, essas noções contraditórias, as relações econômicas são, portanto, contraditórias em si mesmas e apresentam os dois lados, um dos quais é bom, o outro mau.

Encontrar a verdade completa, a noção em toda a sua plenitude, a fórmula sintética que anule a antinomia, é esse o problema do gênio social. É por isso que, na ilusão de Proudhon, o mesmo gênio social foi levado de uma categoria para outra, sem ter conseguido ainda, com toda a bateria de suas categorias, arrancar de Deus, à razão absoluta, uma fórmula sintética.

"Em primeiro lugar, a sociedade (o gênio social) opõe um primeiro fato, emite uma hipótese... Verdadeira antinomia, cujos resultados antagônicos se desenrolam na economia social da mesma maneira que as consequências teriam podido ser deduzidas no espírito; de modo que o movimento industrial, seguindo em tudo a dedução das ideias, se divide numa dupla corrente, uma de feitos úteis, a outra de resultados subversivos... Para constituir harmonicamente esse princípio de dupla face e resolver essa antinomia, a sociedade origina uma segunda, a qual será em breve seguida de uma terceira e tal será a marcha do gênio social até que, tendo esgotado todas as suas contradições, suponho que a contradição na humanidade tenha um fim, mas não está provado, reveja de um salto todas as suas posições anteriores e numa só fórmula resolva todos os seus problemas" (Proudhon, Tomo I).

Do mesmo modo que anteriormente a *antítese* se transformava em *antídoto*, a tese torna-se agora *hipótese*. Essa mudança de termos não tem mais nada que nos possa espantar da parte de Proudhon. A razão humana, que nada tem de pura, que tem apenas visões incompletas das coisas, encontra a cada passo novos problemas a resolver. Cada nova tese que descobre na razão absoluta e que é a negação da primeira tese, se torna para ela uma síntese, que ela aceita muito ingenuamente como a solução do problema em questão. É por isso que essa razão se debate em contradições sempre novas, até que, não encontrando já contradições, compreende que todas as suas teses e sínteses não são mais do que hipóteses contraditórias. Em sua perplexidade, "a razão humana, o gênio social, revê de um salto todas as suas posições anteriores e, numa só fórmula, resolve todos os seus problemas". Essa fórmula única, diga-se de passagem, constitui a verdadeira descoberta de Proudhon. É o *valor constituído*.

Só se fazem hipóteses em vista de um fim qualquer. O fim que se propunha em primeiro lugar o gênio social que fala pela boca de Proudhon era eliminar o que há de mau em cada categoria econômica, para nela ficar somente o que existe de bom. Para ele o bom, o bem supremo, o verdadeiro fim prático, é a igualdade. E por que se propunha o gênio social a igualdade em vez da desigualdade, a fraternidade, o catolicismo ou qualquer outro princípio? Porque "a humanidade só realizou sucessivamente tantas hipóteses particulares por ter em vista uma hipótese superior" (Tomo I), que é precisamente a igualdade. Em outras palavras, porque a igualdade é o ideal de Proudhon. Ele imagina que a divisão do trabalho, o crédito, a fábrica, todas as relações econômicas só foram inventadas em benefício da igualdade e, apesar de tudo isso, acabaram sempre por se voltar contra ela. Porque a história e a ficção de Proudhon se contradizem a cada passo, conclui ele que existe contradição. Se há contradição, ela existe apenas entre sua ideia fixa e o movimento real.

De agora em diante, o lado bom de uma relação econômica é aquele que afirma a igualdade; o lado mau é aquele que a nega e afirma a desigualdade. Qualquer nova categoria é uma hipótese do gênio social, para eliminar a desigualdade gerada pela hipótese precedente. Em resumo, a igualdade é a intenção primitiva, a tendência mística, o fim providencial que o gênio social tem constantemente diante dos olhos, ao andar às voltas no círculo das contradições econômicas. Por isso a *Providência* é a locomotiva que faz andar toda a bagagem econômica de Proudhon melhor que sua razão pura e evaporada. Ele dedicou à Providência todo um capítulo que segue aquele dos impostos.

Providência, fim providencial, essas são as grandes palavras hoje utilizadas para explicar a marcha da história. De fato, essas palavras não explicam nada. São, quando muito, formas declamatórias, uma maneira como qualquer outra de parafrasear os fatos.

É um fato que na Escócia as propriedades fundiárias obtiveram um valor novo pelo desenvolvimento da indústria inglesa. Essa indústria abriu novas saídas para a lã. Para produzir lã em grande escala, era necessário transformar os campos de lavoura em pastagens. Para realizar essa transformação era necessário concentrar as propriedades. Para concentrar as propriedades era necessário abolir os pequenos domínios feudais, expulsar milhares de arrendatários de sua terra natal e colocar em seu lugar alguns pastores vigiando milhões de carneiros. Assim, por sucessivas transformações, a propriedade fundiária teve como resultado na Escócia a expulsão dos homens pelos carneiros. Diga-se agora que o fim providencial da instituição da propriedade fundiária na Escócia foi o de expulsar os homens pelos carneiros e ter-se-á feito história providencial.

Certamente que a tendência para a igualdade pertence a nosso século. Mas dizer que todos os séculos anteriores, com necessidades, meios de produção, etc., totalmente diferentes, trabalhavam providencialmente para a realização da igualdade é, antes de tudo, substituir os homens e os meios dos séculos anteriores pelos homens e os meios de nosso século e desconhecer o movimento histórico pelo qual as gerações sucessivas transformavam os resultados adquiridos das gerações que as precediam. Os economistas sabem muito bem que a mesma coisa que era para um a matéria trabalhada, não era para outro senão a matéria-prima da nova produção.

Suponhamos, como faz Proudhon, que o gênio social produziu ou, melhor, improvisou os senhores feudais com o fim providencial de transformar os *colonos* em *trabalhadores responsáveis e igualitários*: e teríamos feito uma substituição de fins e de pessoas dignas dessa Providência que na Escócia instituía a propriedade territorial para ter o prazer maligno de expulsar os homens pelos carneiros.

Mas já que Proudhon dedica um interesse tão carinhoso à providência, nós o remetemos para a *História da Economia Política* de Villeneuve-Bargemont[5] que também corre atrás de um fim providencial. Esse fim já não é a igualdade, é o catolicismo.

Sétima e última observação

Os economistas têm uma maneira diferente de proceder. Para eles só há duas espécies de instituições, as da arte e as da natureza. As instituições do feudalismo são instituições artificiais, as da burguesia são instituições naturais. Assemelham-se aos teólogos

[5] Jean-Paul Alban, visconde de Villeneuve-Bargemont (1784-1850), político e economista francês (NT).

que também estabelecem duas espécies de religiões. Qualquer religião que não é a sua é uma invenção dos homens, ao passo que sua própria religião é uma emanação de Deus. Dizendo que as relações atuais, as relações da produção burguesa, são naturais, os economistas querem dizer com isso que se trata de relações nas quais se cria a riqueza e se desenvolvem as forças produtivas de acordo com as leis da natureza. Portanto, essas relações são elas próprias leis naturais independentes da influência do tempo. São leis eternas que devem reger sempre a sociedade. Assim, houve história, mas não haverá mais. Houve história, visto que existiam instituições feudais e nessas instituições do feudalismo se encontram relações de produção totalmente diferentes daquelas da sociedade burguesa, que os economistas querem fazer passar por naturais e, portanto, eternas.

O feudalismo também tinha seu proletariado, a escravidão que continha todos os germes da burguesia. A produção feudal tinha dois elementos antagônicos, que designam também pelo nome de lado bom e lado mau do feudalismo, sem considerar que é sempre o lado mau que acaba levando a melhor sobre o lado bom. É o lado mau que produz o movimento que faz a história, constituindo a luta. Se, na época de domínio do feudalismo, os economistas, entusiasmados com as virtudes cavalheirescas, com a boa harmonia entre os direitos e os deveres, com a vida patriarcal das cidades, com o estado de prosperidade da indústria doméstica nos campos, com desenvolvimento da indústria organizada por corporações, mestrados e juízos de ofícios, enfim, com tudo o que constitui o lado belo do feudalismo, se tivessem proposto o problema de eliminar tudo o que torna nobre esse quadro, escravidão, privilégios, anarquia, o que teria acontecido? Teriam sido destruídos todos os elementos que constituíam a luta e teria sido abafado na fase embrionária o desenvolvimento da burguesia. Teria sido levantado o problema absurdo de eliminar a história.

Quando a burguesia venceu, deixou de existir preocupação pelo lado mau do feudalismo. As forças produtivas que tinham sido desenvolvidas por ela na época do feudalismo foram a ela incorporadas. Todas as antigas formas econômicas, as relações civis que lhes correspondiam, o estado político que era a expressão oficial da antiga sociedade civil, estavam quebrados.

Por isso, para julgar corretamente a produção feudal, é preciso considerá-la como um modo de produção baseado no antagonismo. É preciso mostrar como a riqueza se produzia dentro desse antagonismo, como as forças produtivas se desenvolviam ao mesmo tempo que o antagonismo das classes, de que modo uma das classes, o lado mau, o inconveniente da sociedade, ia sempre crescendo, até que as condições materiais de sua emancipação chegassem ao ponto de maturidade. Não bastava dizer que o modo de produção, as relações nas quais as forças produtivas se desenvolvem, são tudo menos leis eternas, mas correspondem a um desenvolvimento determinado dos homens e de suas forças produtivas e que uma mudança ocorrida nas forças produtivas dos homens leva a que intervenha nas forças produtivas dos homens necessariamente e determina uma mudança em suas relações de produção? Como o que acima de tudo importa é que os homens não sejam privados dos frutos da civilização, das forças produtivas adquiridas, é necessário quebrar as formas tradicionais nas quais foram produzidas. A partir desse momento, a classe revolucionária se torna conservadora.

A burguesia começa com um proletariado, ele próprio um resto do proletariado dos tempos feudais. No decorrer de seu desenvolvimento histórico, a burguesia desenvolve necessariamente seu caráter antagônico, que no início se acha mais ou menos disfarçado, existindo apenas no estado latente. À medida que a burguesia se desenvolve, desenvolve-se em seu seio um novo proletariado, um proletariado moderno; desenvolve-se uma luta entre a classe proletária e a classe burguesa, luta que, antes de ser sentida pelos dois lados, entendida, apreciada, compreendida, confessada e proclamada em alta voz, apenas se manifesta previamente em conflitos parciais e momentâneos, em fatos subversivos. Por outro lado, se todos os membros da burguesia moderna têm o mesmo interesse enquanto formam uma classe perante outra classe, têm interesses opostos, antagônicos, quando colocados uns diante dos outros. Essa oposição de interesses decorre das condições econômicas de sua vida burguesa. Por isso se torna cada dia mais claro que as relações de produção nas quais se move a burguesia não têm um caráter único, um caráter simples, mas um caráter de duplicidade; que, nas mesmas relações nas quais se produz a riqueza se produz também a miséria; que nas mesmas relações nas quais há desenvolvimento das forças produtivas há uma força produtora de repressão; que essas relações só produzem a riqueza burguesa, isto é, a riqueza dos membros integrantes dessa classe e produzindo um proletariado sempre crescente.

Quanto mais o caráter antagônico se revela, mais os economistas, os representantes científicos da produção burguesa, se enrolam com sua própria teoria; e diferentes escolas se formam.

Temos os economistas fatalistas que, em sua teoria, se mostram tão indiferentes diante daquilo que chamam os inconvenientes da produção burguesa, como os próprios burgueses o são na prática diante dos sofrimentos dos proletários que os ajudam a adquirir riquezas. Nessa escola fatalista há clássicos e românticos. Os clássicos, como Adam Smith e Ricardo, representam uma burguesia que, lutando ainda com os restos da sociedade feudal, trabalha apenas para depurar as relações econômicas das tarefas feudais, para aumentar as forças produtivas e para dar à indústria e ao comércio um novo impulso. O proletariado participante nessa luta, absorvido nesse trabalho febril, tem apenas sofrimentos passageiros, acidentais e ele próprio assim os considera. Os economistas como Adam Smith e Ricardo, que são os historiadores dessa época, não têm outra missão senão demonstrar como a riqueza se adquire nas relações da produção burguesa, formular essas relações em categorias, em leis, e demonstrar quanto essas leis, essas categorias, são para a produção das riquezas, superiores às leis e às categorias da sociedade feudal. A seus olhos, a miséria não é mais que a dor que acompanha qualquer nascimento, tanto na natureza como na indústria.

Os românticos pertencem à nossa época, na qual a burguesia se encontra em oposição direta com o proletariado, na qual a miséria é gerada em abundância como a riqueza. Os economistas se apresentam então com artes de fatalistas indiferentes que, do alto de sua posição, lançam um soberbo olhar de desdém sobre os homens locomotivas que fabricam as riquezas. Copiam todos os desenvolvimentos dados por seus predecessores e a indiferença, que naqueles era ingenuidade, torna-se neles afetação.

Vem depois a escola humanitária, que se preocupa com o lado mau das relações de produção atuais. Esta procura, por descargo de consciência, atenuar minimamente os contrastes reais; lamenta sinceramente a desgraça do proletariado, a concorrência desenfreada dos burgueses entre si; aconselha os operários a serem sóbrios, a trabalharem conscienciosamente e a fazerem poucos filhos; recomenda aos burgueses que se entreguem com entusiasmo na produção. Toda a teoria dessa escola se baseia em distinções intermináveis entre a teoria e a prática, entre os princípios e os resultados, entre a ideia e a aplicação, entre o conteúdo e a forma, entre a essência e a realidade, entre o direito e o fato, entre o lado bom e o mau.

A escola filantrópica é a escola humanitária aperfeiçoada. Nega a necessidade do antagonismo; quer transformar todos os homens burgueses; quer realizar a teoria na medida em que se distingue da prática e não encerra antagonismos. É desnecessário dizer que, na teoria, é fácil fazer abstração das contradições que a cada instante se encontram na realidade. Essa teoria se tornaria então a realidade idealizada. Os filantropos querem, portanto, conservar as categorias que exprimem as relações burguesas, sem o antagonismo que as constitui e que é inseparável delas. Imaginam que combatem seriamente a prática burguesa e são mais burgueses que os outros.

Como os economistas são os representantes científicos da classe burguesa, os socialistas e os comunistas são os teóricos da classe proletária. Enquanto o proletariado não está ainda suficientemente desenvolvido para se constituir em classe, enquanto, por conseguinte, a própria luta do proletariado com a burguesia não tiver ainda um caráter político e enquanto as forças produtivas não estão ainda suficientemente desenvolvidas no seio da própria burguesia para permitirem vislumbrar as condições materiais necessárias à libertação do proletariado e à formação de uma sociedade nova, esses teóricos são apenas utopistas que, para obviarem às necessidades das classes oprimidas, improvisam sistemas e correm atrás de uma ciência regeneradora. Mas à medida que a história avança e que com ela a luta do proletariado se desenha mais nitidamente, eles deixam de ter necessidade de procurar a ciência em seu espírito, basta apenas se inteirar de que se passa diante de seus olhos e se tornar o órgão disso. Enquanto procuram a ciência e apenas fazem sistemas, enquanto estão no início da luta, veem na miséria apenas a miséria, sem nela verem o lado revolucionário, subversivo, que derrubará a sociedade antiga. A partir desse momento, a ciência produzida pelo movimento histórico, e a ele se associando com pleno conhecimento de causa, deixou de ser doutrinária, tornou-se revolucionária.

Voltemos a Proudhon.

Cada relação econômica tem um lado bom e um mau: é o único ponto em que Proudhon não se desmente. O lado bom, exposto pelos economistas; o lado mau, denunciado pelos socialistas. Aos economistas a necessidade das relações eternas; aos socialistas a ilusão de não ver na miséria senão a miséria. Está de acordo com uns e com outros, querendo referir-se à autoridade da ciência. A ciência, para ele, se reduz às magras proporções de uma fórmula científica; ele é o homem à procura das fórmulas. Por isso Proudhon se orgulha de ter feito a crítica da economia política e a do comunismo: ele está abaixo de uma e do outro. Abaixo dos economistas, visto que, como filósofo, que tem na manga uma fórmula mágica, acreditou poder dispensar-se de entrar em detalhes puramente econômicos; abaixo dos socialistas, porque que não tem nem coragem suficiente nem luzes suficientes para se elevar, sequer especulativamente, acima do horizonte burguês.

Quer ser a síntese e é um erro composto.

Pretende estar como homem de ciência acima dos burgueses e dos proletários; e não passa de pequeno burguês, sacudido constantemente entre o capital e o trabalho, entre a economia política e o comunismo.

2. A divisão do trabalho e as máquinas

A divisão do trabalho abre, segundo Proudhon, a série das evoluções econômicas.

Lado bom da divisão do trabalho:

"Considerada em sua essência, a divisão do trabalho é o modo segundo o qual se realiza a igualdade das condições e das inteligências."

Lado mau da divisão do trabalho:

"A divisão do trabalho se tornou para nós um instrumento de miséria."

Variante:

"O trabalho, dividindo-se segundo a lei que lhe é própria e que é a condição primeira de sua fecundidade, chega à negação de seus fins e se destrói a si próprio."

Problema a resolver

Encontrar "a recomposição que apague os inconvenientes da divisão, conservando, porém, seus efeitos úteis" (Tomo I).

A divisão do trabalho é, segundo Proudhon, uma lei eterna, uma categoria simples e abstrata. É, portanto, também necessário que a abstração, a ideia, a palavra baste para explicar a divisão do trabalho nas diferentes épocas da história. As castas, as corporações, o regime manufatureiro, a grande indústria devem ser explicados pela simples palavra: dividir. Estude-se, em primeiro lugar, o sentido de dividir e não se terá necessidade de estudar as numerosas influências que dão à divisão do trabalho um caráter determinado em cada época.

Certamente, reduzir as coisas às categorias de Proudhon seria torná-las muito simples. A história não procede tão categoricamente. Foram precisos três séculos inteiros, na Alemanha, para estabelecer a primeira grande divisão de trabalho, que é a separação das cidades e dos campos. À medida que se modificava esta simples relação da cidade com o campo, toda a sociedade se modificava. Considerando apenas esta face da divisão do trabalho, teremos as Repúblicas antigas ou o feudalismo cristão; a antiga Inglaterra com seus barões ou a Inglaterra moderna com seus senhores do algodão. Nos séculos XIV e XV, quando ainda não havia colônias, quando a América ainda não existia para a Europa, quando a Ásia só existia por intermédio de Constantinopla, quando o Mediterrâneo era o centro da atividade comercial, a divisão do trabalho tinha uma forma completamente diferente, um aspecto completamente diferente do século XVII, quando os espanhóis, os portugueses, os ingleses, os franceses tinham colônias estabelecidas em todas as partes do mundo. A extensão do mercado e sua fisionomia dão à divisão do trabalho nas diferentes épocas uma fisionomia, um caráter que seria difícil deduzir da simples palavra *dividir*, da ideia, da categoria.

"Todos os economistas, diz Proudhon, desde Adam Smith, apresentaram as vantagens e os inconvenientes da lei de divisão, mas insistindo muito mais nas primeiras que nos segundos, porque isso servia melhor a seu otimismo e sem que nenhum deles tivesse alguma vez perguntado quais podiam ser os inconvenientes de uma lei... Como poderá o mesmo princípio, levado rigorosamente às suas consequências, conduzir a efeitos diametralmente opostos? Nenhum economista, nem antes nem depois de Smith, sequer percebeu que nisso residia um problema a esclarecer. Say chega ao ponto de reconhecer que na divisão do trabalho a mesma causa que produz o bem gera o mal" (Tomo I).

Adam Smith viu mais longe que Proudhon pensa. Ele viu muito bem que *"na realidade a diferença dos talentos naturais entre os indivíduos é bem menor do que supomos. Essas disposições tão diferentes, que parecem distinguir os homens das diversas profissões, quando atingem a maturidade, não são tanto as causas, mas os efeitos da divisão do trabalho"* (Adam Smith, *Recherche sur la nature et les causes de la richesse des nations*, Tomo I, Paris, 1802).

No princípio, um carregador difere menos de um filósofo que um mastim de um galgo. Foi a divisão do trabalho que abriu um abismo entre um e outro. Mas nada disso impede que Proudhon afirme, em outro local, que Adam Smith nem sequer suspeitava dos inconvenientes que a divisão do trabalho produz. Foi ainda o que levou Jean-Baptiste Say a dizer "que na divisão do trabalho a mesma causa que produz o bem gera o mal" (Tomo I).

Mas ouçamos Lemontey[6]: *Suum cuique* (a cada um o seu).

"Jean-Baptiste Say deu-me a honra de adotar em seu excelente tratado de economia política o princípio que revelei nessa passagem sobre a influência moral da divisão do trabalho.

---

[6] Pierre-Édouard Lemontey (1762-1826), historiador, economista e político francês (NT).

O título um pouco leviano de meu livro não lhe permitiu sem dúvida me citar. Só por esse motivo posso atribuir o silêncio de um escritor demasiado rico de seu fundo próprio para não reconhecer um empréstimo tão modesto" (Lemontey, *Influence morale de la division du travail*, Paris, 1840).

Sejamos justos: Lemontey expôs de modo espirituoso as consequências lamentáveis da divisão do trabalho tal como ela está constituída nos dias de hoje, Proudhon nada encontrou para acrescentar. Mas visto que, por culpa de Proudhon, estamos agora empenhados nesta questão de prioridade, digamos ainda, de passagem, que muito antes de Lemontey e dezessete anos antes de Adam Smith, aluno de Ferguson[7], este expôs nitidamente esse aspecto num capítulo que trata especialmente da divisão do trabalho.

"Haveria mesmo razão para duvidar se a capacidade geral de uma nação cresce em proporção como o progresso das artes. Muitas artes mecânicas... triunfam perfeitamente quando totalmente destituídas da ajuda da razão e do sentimento e a ignorância é a mãe da indústria assim com da superstição. A reflexão e a imaginação estão sujeitas a enganar-se: mas o hábito de mover o pé ou a mão não depende nem de uma nem da outra. Assim pode-se dizer que a perfeição, em relação às manufaturas, consiste em poder dispensar o espírito, de maneira que sem esforço intelectual a fábrica possa ser considerada como uma máquina cujas peças são homens... O general pode ser muito hábil na arte da guerra, enquanto todo o mérito do soldado se limita a executar alguns movimentos com o pé ou com mão. Um pode ter ganhado o que o outro perdeu... Numa época em que tudo está separado, a arte de pensar pode ela própria formar uma ocupação à parte" (A. Ferguson, *Essai sur l'histoire de la société civile*, Paris, 1783).

Para terminar este resumo literário, negamos formalmente que "*todos* os economistas tenham insistido muito mais sobre as vantagens que sobre os inconvenientes da divisão do trabalho". Basta citar Sismondi.

---

[7] Adam Ferguson (1723-1816), historiador, filósofo e sociólogo escocês (NT).

Assim, no que se refere às *vantagens* da divisão do trabalho, Proudhon nada mais tinha a fazer do que parafrasear mais ou menos pomposamente as frases gerais que todos conhecem.

Vejamos agora como ele faz derivar da divisão do trabalho considerada como lei geral, como categoria, como pensamento, os *inconvenientes* que lhe estão ligados. Como é que essa categoria, essa lei, implica numa repartição desigual do trabalho em detrimento do sistema igualitário de Proudhon.

"Nesta hora solene da divisão do trabalho, o vento das tempestades começa a soprar sobre a humanidade. O progresso não se verifica para todos de uma maneira igual e uniforme... Começa por apoderar-se de um pequeno número de privilegiados... É esta acepção de pessoas por parte do progresso que fez crer durante tanto tempo na desigualdade natural e providencial das condições, o que gerou as castas e constituiu hierarquicamente todas as sociedades" (Proudhon, Tomo I).

A divisão do trabalho fez as castas. Ora, as castas são os inconvenientes da divisão do trabalho; portanto, foi a divisão do trabalho que provocou os inconvenientes. *Quod erat demonstrandum* (o que devia ser demonstrado). Alguém desejará ir mais longe para saber o que levou a divisão do trabalho a dar origem às castas, às constituições hierárquicas e aos privilegiados? Proudhon dirá: o progresso. E quem fez o progresso? A limitação. A limitação, para Proudhon, é a acepção de pessoas por parte do progresso.

Depois da filosofia vem a história. Não se trata já nem de história descritiva nem de história dialética, mas de história comparada. Proudhon estabelece um paralelo entre o operário impressor atual e o operário impressor da Idade Média, entre o operário de Creusot[8] e o ferreiro do campo; entre o homem de letras de nossos dias e o homem de letras da Idade Média e faz inclinar a balança para o lado daqueles que pertencem mais ou menos à divisão do trabalho como a Idade Média a constituiu ou transmitiu. Ele opõe a divisão do trabalho de uma época histórica à divisão do trabalho de outra época histórica. Era isso o que Proudhon tinha a demonstrar? Não. Devia mostrar os inconvenientes da divisão do trabalho

[8] Grande centro da indústria metalúrgica da França, na época de Marx (NT).

em geral, da divisão do trabalho como categoria. Mas para que insistir nessa parte da obra de Proudhon, visto que um pouco mais adiante o vemos retratar-se, formalmente, de todos esses pretensos desenvolvimentos?

"O primeiro efeito do trabalho parcelar, continua Proudhon, após a depravação da alma, é o prolongamento do dia de trabalho, que cresce na razão inversa da soma de inteligência aplicada... Mas como a duração do dia de trabalho não pode exceder dezesseis a dezoito horas por dia, como a compensação não pode ser extraída do tempo, será tirada do preço, e o salário diminuirá... O que é certo, e que se trata unicamente para nós de notar, é que a consciência universal não atribui preço igual ao trabalho de um contramestre e a atividade de um servente. Portanto, é necessária uma redução do preço do dia de trabalho, de tal modo que o trabalhador, depois de ter sido atormentado em sua alma por uma função degradante, não pode deixar de ser atingido também em seu corpo pela modicidade da recompensa" (Tomo I).

Passamos por cima do valor lógico destes silogismos, que Kant[9] chamaria paralogismos desviantes.

Esta é sua substância:

A divisão do trabalho reduz o operário a uma função degradante; a essa função degradante corresponde uma alma depravada; à depravação da alma convém uma redução sempre crescente do salário. E para provar que essa redução dos salários convém a uma alma depravada, Proudhon diz, por descargo de consciência, que é a consciência universal que assim o quer. A alma de Proudhon fará parte da consciência universal?

As *máquinas* são, para Proudhon, a "antítese lógica da divisão do trabalho" (Tomo I) e, para apoio de sua dialética, começa por transformar as máquinas em *oficinas, fábricas.*

Depois de ter pressuposto a fábrica moderna, para fazer decorrer da divisão do trabalho a miséria, Proudhon pressupõe a miséria provocada pela divisão do trabalho, para chegar à fábrica e para poder representá-la como negação dialética dessa miséria. Depois de ter atingido o trabalhador no moral por uma *função*

[9] Immanuel Kant (1724-1804), filósofo alemão (NT).

degradante, no físico pela modicidade do salário; depois de ter posto o operário na *dependência do contramestre* e rebaixado seu trabalho até a atividade de servente, recorre de novo à fábrica e às máquinas para *degradar* o trabalhador "dando-lhe um *patrão*" e acaba seu aviltamento fazendo-o "decair da categoria de artesão para a de *servente*" (Tomo I). Que bela dialética! Ainda se ficasse por aí; mas não, precisa de uma nova história da divisão do trabalho, já não para fazer derivar dela as contradições, mas para reconstruir a fábrica à sua maneira. Para alcançar esse fim, tem necessidade de esquecer tudo o que acaba de dizer sobre a divisão.

O trabalho se organiza, se divide de maneira diferente, segundo os instrumentos de que dispõe. O moinho manual pressupõe uma divisão do trabalho diferente daquela do moinho a vapor. Pretender começar pela divisão do trabalho em geral, para chegar depois a um instrumento específico de produção, às máquinas, significa entrar em choque frontalmente com a história.

As máquinas são tão pouco uma categoria econômica como o boi que puxa o carro. As máquinas são apenas uma força produtiva. A fábrica moderna, que se baseia na aplicação das máquinas, é uma relação social de produção, uma categoria econômica.

Vejamos agora como as coisas se passam na brilhante imaginação de Proudhon.

"Na sociedade, o aparecimento incessante das máquinas é a antítese, a fórmula inversa do trabalho: é o protesto do gênio industrial contra o trabalho parcelar e homicida. De fato o que é uma máquina? Uma maneira de reunir diversas partículas de trabalho, que a divisão tinha separado. Qualquer máquina pode ser definida como um resumo de várias operações... Portanto, pela máquina haverá restauração do trabalhador... As máquinas, colocando-se na economia política contraditoriamente à divisão do trabalho, representam a síntese, opondo-se no espírito humano à análise... A divisão apenas separava as diversas partes do trabalho, deixando cada um entregar-se à especialidade que mais lhe agradava: a fábrica agrupa os trabalhadores, segundo a relação de cada parte com o todo... Introduz o princípio de autoridade no trabalho... Mas isso não é tudo: a máquina ou a fábrica, depois de ter degradado o trabalhador dando-lhe um patrão, completa seu aviltamento fazendo-o cair da categoria

de artesão para a de servente... O período que percorremos neste momento, o das máquinas, se distingue por um caráter particular, é o salariado. O salariado é posterior à divisão do trabalho e a troca" (Tomo I).

Uma simples observação a Proudhon. A separação das diversas partes do trabalho, deixando a cada uma a faculdade de se entregar à especialidade que mais lhe agrada, separação que Proudhon faz datar do começo do mundo, só existe na indústria moderna sob o regime da concorrência.

Proudhon nos apresenta em seguida uma "genealogia" na verdade muito "interessante", para demonstrar como a fábrica nasceu da divisão do trabalho e o salariado, da fábrica.

1.º Supõe um homem que *"notou que dividindo a produção em suas diversas partes e fazendo-a executar cada uma por um operário à parte"*, se multiplicariam as forças de produção.

2.º Esse homem, *"apanhando o fio dessa ideia, diz para si mesmo que, formando um grupo permanente de trabalhadores adequados para o objeto especial que ele se propõe, obterá uma produção mais elevada*, etc."

3.º Esse homem faz uma *proposta* a outros homens, para que eles possam compreender sua ideia e o fio de sua ideia.

4.º Esse homem, no início da indústria, trata *de igual para igual* com *seus companheiros* que mais tarde se tornam *seus operários*.

5.º *"É compreensível, de fato, que essa igualdade primitiva teve que desaparecer rapidamente pela posição vantajosa do patrão e a dependência do assalariado"* (Tomo I).

Essa é mais uma amostra do *método histórico e descritivo* de Proudhon.

Examinemos agora, sob o ponto de vista histórico e econômico, se verdadeiramente a fábrica ou a máquina introduziu o *princípio de autoridade* na sociedade posteriormente à divisão do trabalho: se, por um lado, ela reabilitou o operário, submetendo-o simultaneamente, por outro lado, à autoridade; se a máquina é a recomposição do trabalho dividido, *a síntese* do trabalho oposta à sua análise.

A sociedade em seu conjunto tem isso de comum com o interior de uma fábrica: ela também tem sua divisão do trabalho. Se se tomasse como modelo a divisão do trabalho numa fábrica moderna para aplicá-la a toda uma sociedade, a sociedade mais bem organizada para a produção das riquezas seria incontestavelmente a que tivesse um só empresário-chefe, distribuindo a tarefa segundo uma regra antecipadamente definida para os diversos membros da comunidade. Mas não é assim que se verifica. Enquanto no interior da fábrica moderna a divisão do trabalho é minuciosamente regulada pela autoridade do empresário, a sociedade moderna não tem outra regra, outra autoridade, para distribuir o trabalho, senão a livre concorrência.

Sob o regime patriarcal, sob o regime das castas, sob o regime feudal e corporativo, havia divisão do trabalho no conjunto da sociedade segundo regras fixas. Foram essas regras estabelecidas por um legislador? Não. Nascidas primitivamente das condições da produção material, só foram erigidas em leis muito mais tarde. Foi assim que essas diversas formas da divisão do trabalho se tornaram outras tantas bases de organização social. Quanto à divisão do trabalho na fábrica, era muito pouco desenvolvida em todas essas formas da sociedade. É mesmo possível estabelecer como regra geral que, quanto menos a autoridade preside à divisão do trabalho no interior da sociedade, mais a divisão do trabalho se desenvolve no interior da sociedade e mais ela é aí submetida à autoridade na fábrica e na sociedade, relativamente à divisão do trabalho, estão na razão inversa uma da outra.

Importa agora ver o que é a fábrica, na qual as ocupações estão muito separadas, onde a tarefa de cada operário é reduzida a uma operação muito simples e onde a autoridade, o capital, agrupa e dirige os trabalhos. Como é que essa fábrica surgiu? Para responder a esta pergunta, teríamos de examinar como é que a indústria manufatureira propriamente dita se desenvolveu. Falo daquela indústria que não é ainda a indústria moderna, com suas máquinas, mas que já não é nem a indústria dos artesões da Idade Média, nem a indústria doméstica. Não entraremos em grandes pormenores: daremos apenas alguns pontos sumários, para mostrar que com fórmulas não se pode fazer história.

Uma das condições mais indispensáveis para a formação da indústria manufatureira era a acumulação de capitais, facilitada pela descoberta da América e pela introdução de seus metais preciosos.

Está suficientemente provado que o aumento dos meios de troca teve por consequência, por um lado, a depreciação dos salários e das rendas fundiárias e, por outro, o crescimento dos lucros industriais. Em outras palavras: à medida que a classe dos proprietários e a classe dos trabalhadores, os senhores feudais e o povo decaíam, elevava-se a classe dos capitalistas, a burguesia.

Houve ainda outras circunstâncias que concorreram simultaneamente para o desenvolvimento da indústria manufatureira: o aumento das mercadorias postas em circulação desde que o comércio penetrou nas Índias Orientais pelo caminho do cabo da Boa Esperança, o regime colonial, o desenvolvimento do comércio marítimo.

Outro ponto que não foi ainda suficientemente apreciado na história da indústria manufatureira foi a dispensa dos numerosos séquitos dos senhores feudais, cujos membros subalternos se tornaram vagabundos antes de entrarem nas fábricas. A criação da fábrica é precedida de uma vagabundagem quase universal nos séculos XV e XVI. A fábrica encontrou ainda um poderoso apoio nos numerosos camponeses que, expulsos continuamente dos campos pela transformação das terras de cultivo em pastagens e progressos agrícolas com menor necessidade de braços para o cultivo das terras, afluíram às cidades durante séculos inteiros.

O crescimento do mercado, a acumulação dos capitais, as modificações verificadas na posição social das classes, uma multidão de pessoas privadas de suas fontes de rendimento, essas são as outras tantas condições históricas para a formação da manufatura. Não foram, como diz Proudhon, negociações amistosas entre iguais que reuniram os homens na fábrica. Não foi sequer no seio das antigas corporações que a manufatura nasceu. Foi o mercado que se tornou chefe da oficina moderna e não o antigo mestre das corporações. Em quase toda parte houve uma forte luta entre a manufatura e os ofícios.

A acumulação e a concentração de instrumentos e de trabalhadores precederam o desenvolvimento da divisão do

[10] Charles Babbage (1792-1871), físico, matemático e economista inglês (NT).

trabalho no interior da fábrica. Uma manufatura era muito mais que uma reunião de muitos trabalhadores e de muitos ofícios num só lugar, numa sala sob o comando de um capitalista, do que a análise dos trabalhos e na adaptação de um operário especial a uma tarefa muito simples.

A utilidade de uma fábrica não consistia tanto na divisão do trabalho propriamente dito quanto na circunstância de ali se trabalhar numa escala maior, de se pouparem muitas despesas inúteis, etc. No fim do século XVI e no começo do século XVII, a manufatura holandesa mal conhecia a divisão.

O desenvolvimento da divisão do trabalho pressupõe a reunião dos trabalhadores numa fábrica. Não existe nenhum exemplo, seja no século XVI, seja no século XVII, de que os diversos ramos de um mesmo ofício tenham sido explorados separadamente a ponto de bastar reuni-los num só local para obter a fábrica pronta. Contudo, uma vez reunidos os homens e os instrumentos, a divisão do trabalho como existia sob a forma das corporações reproduzia-se e refletia-se necessariamente no interior da fábrica.

Para Proudhon, que vê as coisas do avesso, se é que as vê, a divisão do trabalho no sentido de Adam Smith precede a fábrica, que é uma condição de sua existência.

As *máquinas* propriamente ditas datam do fim do século XVIII. Nada mais absurdo que ver nas máquinas a antítese da divisão do trabalho, a síntese que restabelece a unidade no trabalho dividido.

A máquina é uma reunião dos instrumentos de trabalho e de modo algum uma combinação das tarefas para o próprio operário.

"Quando, pela divisão do trabalho, cada operação particular for reduzida ao emprego de um instrumento simples, a reunião de todos esses instrumentos, postos em ação por um só motor, constitui uma máquina" (Babbage[10], *Traité sur l'économie des machines*, etc., Paris, 1833).

Ferramentas simples de trabalho, acumulação de ferramentas, ferramentas compostas, acionamento de uma ferramenta composta por um só motor manual, pelo bem do homem, movimentação desses instrumentos pelas forças naturais, máquina, sistema de máquinas com um único motor, sistema de máquinas com um autômato por motor é esse o caminho das máquinas.

A concentração dos instrumentos de produção e a divisão do trabalho são tão inseparáveis uma da outra como o são, no regime político, a concentração dos poderes públicos e a divisão do interesses privados. A Inglaterra, com a concentração das terras, esses instrumentos do trabalho agrícola têm igualmente a divisão do trabalho agrícola e a mecânica aplicada à exploração da terra. A França, que tem a divisão dos instrumentos, o regime parcelar, não tem em geral nem divisão do trabalho agrícola nem aplicação das máquinas à terra.

Para Proudhon, a concentração dos instrumentos de trabalho é a negação da divisão do trabalho. Na realidade, encontramos ainda o contrário. À medida que a concentração dos instrumentos se desenvolve, desenvolve-se também a divisão e vice-versa. É isso o que faz com que qualquer grande invenção na mecânica seja seguida de maior divisão do trabalho e cada crescimento na divisão do trabalho por sua vez determina novas invenções mecânicas.

Não é preciso lembrar que os grandes progressos da divisão do trabalho começaram na Inglaterra após a invenção das máquinas. Assim os tecelões e os fiandeiros eram em sua maioria camponeses, como acontece ainda nos países atrasados. A invenção das máquinas acabou de separar a indústria manufatureira da indústria agrícola. O tecelão e o fiandeiro, reunidos numa só família, foram separados pela máquina. Graças à máquina, o fiandeiro pôde morar na Inglaterra e ao mesmo tempo o tecelão viver nas Índias Orientais. Antes da invenção das máquinas, a indústria de um país se exercia principalmente sobre as matérias-primas que eram produto de seu próprio solo: assim na Inglaterra a lã, na Alemanha o linho, na França as sedas e o linho, nas Índias Orientais e no Levante o algodão, etc. Graças à aplicação das máquinas e do vapor, a divisão do trabalho pode tomar dimensões tais que a grande indústria, separada do solo nacional, depende unicamente do mercado mundial, das trocas internacionais, de uma divisão do trabalho internacional. Enfim, a máquina exerce uma influência tal sobre a divisão do trabalho que, quando na fabricação de uma obra qualquer se encontra o

[11] Andrew Ure (1778-1857), químico e economista inglês; a citação assinala dois inventores ingleses: John Wyatt (1700-1766) e Richard Arkwright (1732-1792); ambos inventaram teares mecânicos (NT).

meio de introduzir parcialmente a mecânica, logo a fabricação se divide imediatamente em duas empresas independentes uma da outra.

Será necessário falar do *fim providencial* e filantrópico que Proudhon descobre na invenção e na aplicação primitiva das máquinas?

Quando, na Inglaterra, o mercado ganhou um desenvolvimento tal que o trabalho manual já não bastava para abastecê-lo, sentiu-se a necessidade das máquinas. Sonhava-se então com a aplicação da ciência mecânica que no século XVIII já estava pronta.

A fábrica automática marcou seu início com atos que nada tinham de filantrópicos. As crianças foram obrigadas a trabalhar sob efeito do chicote e eram objeto de tráfico, e estabeleciam-se contratos com as casas de órfãos. Foram abolidas todas as leis sobre a aprendizagem dos operários, porque, para nos servirmos das frases de Proudhon, já não havia necessidade de operários *sintéticos*. Enfim, a partir de 1825, quase todas as novas invenções foram resultado das colisões entre o operário e o empresário, que procurava a todo custo depreciar a especialidade do operário. Após cada nova greve minimamente importante, surge uma nova máquina. O operário estava tão longe de considerar a aplicação das máquinas como uma espécie de reabilitação, de *restauração*, como diz Proudhon, que no século XVIII resistiu durante muito tempo ao domínio nascente do autômato.

"Wyatt, diz o doutor Ure[11], *tinha descoberto os dedos de fiar (a série dos rolos estriados) muito antes de Arkwright... A principal dificuldade não era tanto na invenção de um mecanismo automático... A dificuldade consistia, sobretudo, na disciplina necessária para fazer com que os homens renunciassem a seus hábitos irregulares no trabalho e para identificá-los com a regularidade invariável de um grande autômato. Mas inventar e pôr em vigor um código de disciplina manufatureira que conviesse às necessidades e à velocidade do sistema automático, essa era uma empresa digna de Hércules, essa foi a nobre obra de Arkwright"* (Ure, *The philosophy of manufacture,* Londres, 1835).

Resumindo, com a introdução das máquinas aumentou a divisão do trabalho no interior da sociedade, simplificou-se a tarefa do operário no interior da fábrica, o capital foi reunido, o homem foi ainda mais dividido.

Quando Proudhon quer ser economista e abandonar por um instante "a evolução na série do entendimento", então vai buscar sua erudição em Adam Smith, ao tempo em que a fábrica automática estava ainda nascendo. Na verdade, que grande diferença entre a divisão do trabalho tal como existia na época de Adam Smith e tal como a vemos na fábrica automática. Para que possamos compreendê-la bem, bastará citar passagens da *Filosofia das manufaturas*, do doutor Ure.

"Quando Adam Smith escreveu sua obra imortal sobre os elementos da economia política, o sistema automático da indústria mal era conhecido. A divisão do trabalho parecia-lhe com razão o grande princípio do aperfeiçoamento nas manufaturas; demonstrou, no caso da fábrica de alfinetes, que um operário que se aperfeiçoa pela prática num só mesmo ponto se torna mais hábil e menos dispendioso. Em cada ramo de manufatura, observou-se que, segundo este princípio, certas operações, como o corte dos fios de latão em comprimentos iguais, se tornam de fácil execução; que outras, como a fabricação e fixação das cabeças de alfinete, são relativamente mais difíceis. E concluiu, portanto, que se pode naturalmente adaptar a cada uma dessas operações um operário cujo salário corresponda à sua habilidade. É essa adaptação que é a essência da divisão dos trabalhos. Mas o que podia servir de exemplo útil no tempo do doutor Smith hoje apenas seria adequado para induzir o público em erro, relativamente ao princípio real da indústria manufatureira. De fato, a distribuição ou, melhor, a adaptação dos trabalhos às diferentes capacidades individuais, não entra no plano de operações das manufaturas individuais, automáticas: pelo contrário, em todos os lugares em que um processo qualquer exija muita destreza e uma mão segura, retiram-no do braço do operário demasiado hábil, e muitas vezes propenso a diversos tipos de irregularidades, para encarregar disso um mecanismo particular, cujo funcionamento automático é tão bem regulado que uma criança pode vigiar. O princípio do sistema automático é, portanto, substituir a mão de obra pela parte mecânica e trocar a divisão do trabalho entre artesãos pela

análise de um processo em seus princípios constituintes. Segundo o sistema de operação manual, a mão de obra era em geral o elemento mais dispendioso de um produto qualquer; mas, de acordo com o sistema automático, os talentos do artesão vão sendo progressivamente substituídos pela presença de simples vigilantes da mecânica.

A fraqueza da natureza humana é tal que quanto mais o operário é hábil mais se torna obstinado e intratável e, por conseguinte, menos indicado para um sistema de mecânica ao conjunto do qual seus súbitos caprichos podem causar um dano considerável. A grande questão para o manufatureiro atual é, portanto, a de, combinando a ciência com seus capitais, reduzir a tarefa de seus operários a que exerçam sua vigilância e sua destreza, faculdades bem aperfeiçoadas em sua juventude quando fixadas num só objeto.

Segundo o sistema das gradações do trabalho, é necessário fazer uma aprendizagem de vários anos para que o olho e a mão se tornem suficientemente hábeis para exercer certas operações em mecânica, mas segundo o sistema que decompõe um processo reduzindo-o a seus princípios constitutivos e que submete todas as suas partes à operação de uma máquina automática, podem confiar essas mesmas partes elementares a uma pessoa dotada de uma capacidade ordinária, depois de submetê-la a uma curta prova; em caso de urgência, pode-se mesmo fazê-la passar de uma máquina para outra, segundo a vontade do diretor do estabelecimento. Essas mudanças estão em oposição aberta com a antiga rotina que divide o trabalho e que atribui a um operário a tarefa de talhar a cabeça de um alfinete, a outra de lhe afiar a ponta, trabalho cuja uniformidade aborrecida os enerva... Mas, de acordo com o princípio da igualização ou o sistema automático, as faculdades do operário apenas estão submetidas a um trabalho agradável, etc. Sendo seu emprego vigiar o trabalho de um mecanismo bem regulado, pode aprendê-lo em pouco tempo; e quando transfere seus serviços de uma máquina para outra, varia sua tarefa e desenvolve suas ideias, refletindo sobre as combinações gerais que resultam de seus trabalhos e de seus companheiros. Assim, esse constrangimento das faculdades, esse estreitamento das ideias, esse mal-estar do corpo que, não sem razão foram atribuídos à divisão do trabalho, não podem em circunstâncias ordinárias, realizar no regime de uma igual distribuição dos trabalhos.

O objetivo constante e a tendência de todo o aperfeiçoamento no mecanismo é, portanto, dispensar inteiramente o trabalho do homem e diminuir seu preço, substituindo pela atividade das mulheres e das crianças a do operário adulto, ou pelo trabalho de hábeis artesãos pelo de operários rudes... Essa tendência para empregar apenas crianças de olhar vivo e dedos ágeis, em vez de trabalhadores possuindo uma longa experiência, demonstra que o dogma escolástico da divisão do trabalho segundo os diferentes graus de habilidade foi finalmente repudiado por nossos manufatureiros esclarecidos" (Andrew Ure, *The philosophy of manufactures or Industrial economy*, Tomo I, cap. I).

O que caracteriza a divisão do trabalho no interior da sociedade moderna é que ela gera as especialidades, as espécies e com elas o idiotismo do ofício.

"Ficamos admirados, diz Lemontey, quando vemos entre os antigos o mesmo personagem ser simultaneamente, em grau notável, filósofo, poeta, orador, historiador, sacerdote, administrador, general do exército. Nossas almas se espantam à vista de um tão vasto domínio. Cada um planta sua sebe e se fecha em sua cerca. Ignoro se com essa separação o campo aumenta, mas sei bem que o homem diminui" (Lemontey).

O que caracteriza a divisão do trabalho na fábrica automática é que nela o trabalho perde qualquer caráter de especialidade. Mas desde que cesse qualquer desenvolvimento especial, a necessidade de universalidade, a tendência para um desenvolvimento integral do indivíduo, começa a fazer-se sentir. A fábrica automática faz desaparecer os especialistas e o idiotismo do ofício.

Proudhon, não tendo compreendido sequer este lado revolucionário da fábrica automática, dá um passo atrás e propõe ao operário que faça não só a duodécima parte de um alfinete, mas sucessivamente todas as doze partes. O operário chegaria assim à ciência e à consciência do alfinete. É isso o trabalho sintético de Proudhon. Ninguém contestará que fazer um movimento para frente e outro para trás é igualmente fazer um movimento sintético.

Resumindo, Proudhon não foi além do ideal do pequeno burguês. E para realizar esse ideal, não imagina nada melhor que nos fazer voltar ao companheiro, ou quando muito ao mestre artesão da Idade Média. Basta, diz ele numa passagem qualquer de seu livro, ter feito uma só vez na vida uma obra-prima, ter-se sentido uma só vez homem. Não é isso, tanto pela forma como pelo fundo, a obra-prima exigida pela corporação de ofício da Idade Média?

3. Concorrência e monopólio

Lado bom da concorrência:

"A concorrência é tão essencial ao trabalho como a divisão... Ela é necessária ao advento da igualdade."

Lado mau da concorrência:

"O princípio é a negação de si mesmo. Seu efeito mais certo é o de perder aqueles que ela arrasta."

Reflexão geral:

"Os inconvenientes que a acompanham, tal como o bem que ela proporciona... decorrem logicamente uns e outros do princípio."

Problema a resolver:

"Saber qual o princípio de acomodação que deve derivar de uma lei superior à própria liberdade."

Variante:

"Não poderia, portanto, falar neste caso em destruir a concorrência, coisa tão impossível como destruir a liberdade; trata-se de encontrar seu equilíbrio, eu diria de bom grado à política" (Proudhon, Tomo I).

Proudhon começa defendendo a necessidade eterna da concorrência contra os que querem substituí-la pela *emulação*[12].

---

[12] Os fourieristas, seguidores da doutrina de Charles Fourier (1772-1837), teórico socialista francês que condenava o comércio e pretendia instaurar uma nova ordem social e política em que a produção seria distribuída entre o trabalho, o talento e o capital (NT).

Não existe "emulação sem objetivo" e, como "o objeto de toda paixão é necessariamente análogo à própria paixão, de uma mulher para o amante, o objeto de emulação industrial é necessariamente o lucro. A emulação não é mais que a própria concorrência" (Tomo I).

A concorrência é a emulação com vista ao lucro. A emulação industrial será necessariamente a emulação com vista ao lucro, isto é, a concorrência? Proudhon o prova afirmando-o. Já vimos: afirmar, para ele, é provar, do mesmo modo que supor é negar.

Se o objeto imediato do amante é a mulher, o objeto imediato da emulação industrial é o produto e não o lucro.

A concorrência não é a emulação industrial, é a emulação comercial. Em nossos dias, a emulação industrial só existe em vista do comércio. Há mesmo fases na vida econômica dos povos modernos em que todos são tomados por uma espécie de vertigem para fazer lucros sem produzir. Essa vertigem de especulação, que ocorre periodicamente, põe a nu o verdadeiro caráter da concorrência que procura escapar à necessidade da emulação industrial.

Se disséssemos a um artesão do século XIV que iam ser suprimidos os privilégios e toda a organização feudal da indústria para, em seu lugar, introduzir a emulação industrial, a chamada concorrência, nos teria respondido que os privilégios das diversas corporações, mestrados, juízos de ofício são a concorrência organizada. Proudhon não diz melhor ao afirmar que "a emulação não é senão a própria concorrência".

"Ordenem que a partir de 1º de janeiro de 1847 o trabalho e o salário sejam garantidos para todos: logo um imenso relaxamento vai suceder à tensão ardente da indústria" (Tomo I).

Em vez de uma suposição, de uma afirmação e de uma negação, temos agora uma ordem que Proudhon dá expressamente para provar a necessidade da concorrência, sua eternidade como categoria, etc...

Se porventura se imaginar que basta dar ordens para sair da concorrência, dela não se sairia nunca. E se levarem as coisa até o ponto de propor a abolição da concorrência, conservando ao mesmo tempo o salário, teremos proposto um contrassenso por decreto real. Mas os povos não procedem por meio de decretos reais. Antes de darem essas ordens, devem pelo menos ter mudado completamente suas condições de existência industrial e política e, por conseguinte, toda a sua maneira de ser.

Proudhon responderá com sua firmeza imperturbável que é a hipótese "de uma transformação de nossa natureza sem antecedentes históricos" e que teria o direito "de nos *afastar* da discussão", não sabemos em virtude de que decreto.

Proudhon ignora que toda a história não passa de uma transformação contínua da natureza humana.

"Fiquemos nos fatos... A Revolução Francesa foi feita tanto para a liberdade industrial como para a liberdade política; embora a França, em 1789, não tivesse compreendido todas as consequências do princípio cuja realização ela pedia, digamo-lo em alto e bom som, não se enganou, nem em seus desejos, nem em sua expectativa. Qualquer pessoa que tentasse negá-lo perderia a meu ver ter o direito à crítica: não discutirei nunca com um adversário que apresentasse como princípio o erro espontâneo de vinte e cinco milhões de homens... Por que razão então, se a concorrência não tivesse sido um princípio da economia social, um decreto do destino, uma necessidade da alma humana, por que razão, em vez de abolir corporações, mestrados e juízos de ofício, não se preocupou antes em reparar o todo?" (Tomo I).

Assim, uma vez que os franceses do século XVIII aboliram as corporações, mestrados e juízos de ofício em vez de modificá-los, os franceses do século XIX devem modificar a concorrência em vez de aboli-la. Uma vez que a concorrência foi estabelecida na França, no século XVIII, como consequência de necessidades históricas, essa concorrência não deve ser destruída no século XIX, por motivo de outras necessidades históricas. Não compreendendo que o estabelecimento da concorrência se ligava ao desenvolvimento real dos homens do século XVIII, Proudhon faz da concorrência uma necessidade da *alma humana*, *in partibus infidelium*. Que teria ele feito do grande Colbert[13] para o século XVII?

[13] Jean-Baptiste Colbert (1619-1683), estadista francês, ministro das finanças que implementou uma nova política econômica na França da época (NT).

Após a Revolução vem o presente estado de coisas. Proudhon vai buscar fatos para mostrar a eternidade da concorrência, provando que todas as indústrias nas quais essa categoria não está ainda suficientemente desenvolvida, como na agricultura, estão num estado de inferioridade, de velhice.

Dizer que há indústrias que não se encontram à altura da concorrência, que outras ainda estão abaixo do nível da produção burguesa, é um palavreado que não prova de modo algum a eternidade da concorrência.

Toda a lógica de Proudhon se resume a isso: a concorrência é uma relação social na qual desenvolvemos atualmente nossas forças produtivas. Ele dá a essa verdade, não desenvolvimentos lógicos, mas formas frequentemente muito bem desenvolvidas, dizendo que a concorrência é a emulação industrial, o modo atual de ser livre, a responsabilidade no trabalho, a constituição do valor, uma condição para o advento da igualdade, um princípio da economia social, um decreto do destino, uma necessidade da alma humana, uma inspiração da justiça eterna, a liberdade na divisão, a divisão na liberdade, uma categoria econômica.

"A concorrência e a associação se apoiam uma na outra. Onde se excluírem, nem sequer são divergentes. Quem diz concorrência, já supõe fim comum. A concorrência não é, portanto, o egoísmo, e o erro mais deplorável do socialismo é tê-la considerado como a ruína da sociedade" (Tomo I).

Quem diz concorrência diz fim comum, o que prova, por um lado, que concorrência é associação; por outro lado, a concorrência não é o egoísmo. E quem diz *egoísmo* não diz fim comum? Cada egoísmo se exerce na sociedade e devido à existência da sociedade. Pressupõe, portanto, a sociedade, isto é, fins comuns, necessidades comuns, meios de produção comuns, etc., etc... Seria, por acaso, que a concorrência e a associação de que falam os socialistas não são nem sequer divergentes?

Os socialistas sabem muito bem que a sociedade atual está fundada na concorrência. Como poderiam criticar a concorrência por derrubar a sociedade atual, se eles próprios querem derrubar? E como poderiam criticar a concorrência por derrubar a sociedade futura, na qual eles veem, pelo contrário, a derrubada da concorrência?

Proudhon diz, mais adiante, que a concorrência é o *oposto do monopólio* que, por conseguinte, não poderia ser o *oposto da associação*.

O feudalismo se opunha à monarquia patriarcal; por isso, não se opunha à concorrência, que ainda não existia. Será então que a concorrência não se opõe ao feudalismo?

Na realidade, *sociedade, associação* são denominações que podem ser dadas a todas as sociedades, tanto à sociedade feudal como à sociedade burguesa, que é a associação fundada na concorrência. Então como poderá haver socialistas que, somente com a simples palavra *associação*, pensam poder refutar a concorrência? E como é que o próprio Proudhon pode querer defender a concorrência contra o socialismo, designando a concorrência apenas pela simples palavra *associação*?

Tudo o que acabamos de dizer constitui o lado belo da concorrência, como Proudhon a entende. Passemos agora ao lado feio, isto é, ao lado negativo da concorrência, aquilo que ela tem de destrutivo, de subversivo, de qualidades maléficas.

O quadro que Proudhon nos apresenta é algo de lúgubre.

A concorrência gera a miséria, fomenta a guerra civil, "muda as zonas naturais", confunde as nacionalidades, perturba as famílias, corrompe a consciência pública, "subverte as noções de justiça", de moral e, o que é pior, destrói o comércio honesto e livre e em compensação dá o *valor sintético*, o preço fixo e honesto. Desencanta toda a gente, até mesmo os economistas. Leva as coisas a ponto de se destruírem a si mesmas.

Depois de tudo o que Proudhon diz de mal a seu respeito, poderá haver, para as relações da sociedade burguesa, para seus princípios e suas ilusões, um elemento mais dissolvente, mais destrutivo que a concorrência?

Notamos que a concorrência se torna cada vez mais destruidora para as *relações* burguesas, à medida que incentiva uma criação febril de novas forças produtivas, isto é, as condições materiais de uma sociedade nova. Sob esse ângulo, pelo menos, o lado mau da concorrência teria seu aspecto bom.

"A concorrência como posição ou fase econômica, considerada em sua origem, é o resultado necessário... da teoria de redução dos custos gerais" (Tomo I).

Para Proudhon, a circulação do sangue deve ser uma consequência da teoria de Harvey[14].

"O monopólio é o termo fatal da concorrência que o gera por uma negação incessante de si própria. Essa formação do monopólio é já sua justificação... O monopólio é o oposto natural da concorrência... visto que a concorrência é necessária, ela implica a ideia do monopólio, uma vez que o monopólio é como que a sede de cada individualidade concorrente" (Tomo I).

Ficamos felizes pelo fato de Proudhon ter podido pelo menos uma vez aplicar bem sua fórmula de tese e de antítese. Todos sabem que o monopólio moderno é gerado pela própria concorrência.

Quanto ao conteúdo, Proudhon se limita a imagens poéticas. A concorrência fazia "de cada subdivisão do trabalho como que uma soberania onde cada indivíduo se colocava com sua força e independência" (Tomo I). O monopólio é "a *sede* de cada individualidade concorrente". A soberania, a sede: aí estão duas coisas equivalentes.

Proudhon fala apenas do monopólio moderno gerado pela concorrência. Mas todos sabemos que a concorrência foi gerada pelo monopólio feudal. Por isso, primitivamente, a concorrência foi o contrário do monopólio e não o monopólio o contrário da concorrência. Portanto, o monopólio moderno não é uma simples antítese, é, pelo contrário, a verdadeira síntese.

Tese: o monopólio feudal anterior à concorrência.

Antítese: a concorrência.

Síntese: o monopólio moderno, que é a negação do monopólio feudal à medida que supõe o regime de concorrência, e que é a negação da concorrência à medida que é monopólio.

Assim, o monopólio moderno, o monopólio burguês, é o monopólio sintético, a negação da negação, a unidade dos contrários. É o monopólio no estado puro, normal, racional. Proudhon está em contradição com sua própria filosofia, quando faz do monopólio burguês o monopólio no estado cru, *simplista*, contraditório, espasmódico. Rossi, que Proudhon cita várias

[14] William Harvey (1578-1657), médico inglês, o primeiro a descrever cientificamente a circulação do sangue (NT).

vezes sobre o monopólio, parece ter compreendido melhor o caráter sintético do monopólio burguês. Em seu *Cours d'économie politique* (Curso de economia política), distingue entre monopólios artificiais e monopólios naturais. Os monopólios feudais, diz ele, são artificiais, isto é, arbitrários; os monopólios burgueses são naturais, isto é, racionais.

O monopólio é uma coisa boa, argumenta Proudhon, visto que é uma categoria econômica, uma emanação da "razão impessoal da humanidade". A concorrência é também uma coisa boa, visto que também ela é uma categoria econômica. Mas o que não é bom é a realidade do monopólio e a realidade da concorrência. E pior ainda, é que a concorrência e o monopólio se devoram mutuamente.

Que fazer? Procurar a síntese desses dois pensamentos eternos, arrancá-la do seio de Deus, onde está depositada desde tempos imemoriais.

Na vida prática, encontra-se não só a concorrência, o monopólio e seu antagonismo, mas também sua síntese, que não é uma fórmula, mas um movimento. O monopólio produz a concorrência, a concorrência produz o monopólio. Os monopolizadores fazem concorrência entre si, os concorrentes tornam-se monopolizadores. Se os monopolizadores restringem a concorrência entre eles por meio de associações parciais, a concorrência cresce entre os operários; e quanto mais cresce a massa dos proletários diante dos monopolizadores de uma nação, mais a concorrência se torna desenfreada entre os monopolizadores das diferentes nações. A síntese é tal que o monopólio só pode se manter passando continuamente pela luta da concorrência.

Para gerar dialeticamente os *impostos*, que vêm depois do *monopólio*, Proudhon fala do *gênio social* que, depois de ter seguido *intrepidamente* seu caminho em *ziguezague*, *"depois de ter caminhado com um passo seguro, sem arrependimento e sem parar, chegando na esquina do monopólio, lança para trás um melancólico olhar e, depois de uma reflexão profunda, atinge com impostos todos os objetos da produção e cria toda uma organização administrativa, a fim de que todos os empregos sejam entregues ao proletariado e pagos pelos homens do monopólio"* (Tomo I).

Que dizer desse gênio que, estando embora em jejum, passeia em ziguezague? E que dizer desse passeio cujo único fim seria aniquilar os burgueses pelos impostos, quando os impostos servem precisamente para dar aos burgueses os meios de se manterem como classe dominante?

Apenas para vislumbrar o modo como Proudhon trata os pormenores econômicos, bastará dizer que, segundo ele, o *imposto sobre o consumo* teria sido estabelecido em vista da igualdade e como meio para ajudar o proletariado.

O imposto sobre o consumo só ganhou seu verdadeiro desenvolvimento depois do advento da burguesia. Nas mãos do capital industrial, isto é, da riqueza sóbria e econômica que se mantém, reproduz e cresce pela exploração direta do trabalho, o imposto sobre o consumo era um meio de explorar a riqueza frívola, feliz, pródiga dos grandes senhores que não faziam outra coisa senão consumir. James Steuart[15] expôs muito bem esse objetivo primitivo do imposto sobre o consumo em seu *Inquiry into the Principles of Political Economy* (Investigações sobre os Princípios de Economia política), que publicou dez anos antes de Adam Smith.

"Na monarquia pura, diz ele, os princípios parecem de alguma maneira invejosos com o crescimento das riquezas e em consequência cobram impostos àqueles que se tornam ricos (impostos sobre a produção). No governo constitucional, incidem principalmente sobre aqueles que se tornam pobres (impostos sobre o consumo). Assim, os monarcas criam um imposto sobre a indústria... por exemplo, a capitação e imposto sobre as propriedades dos plebeus estão em proporção com a suposta opulência daqueles que a elas estão sujeitos. Cada pessoa é tributada de acordo com o ganho que considera que tem. Nos governos constitucionais, os impostos são geralmente cobrados sobre o consumo" (Steaurt, Tomo II).

Cada pessoa é tributada de acordo com a despesa que faz.

---

[15] James Steuart (1712-1780), economista inglês (NT).

Quanto à *sucessão lógica* dos impostos, da balança do comércio, do crédito, no entendimento de Proudhon, apenas a burguesia inglesa, chegada com Guilherme de Orange à sua constituição política, criou num só golpe um novo sistema de imposto, o crédito público e o sistema dos direitos protetores, logo que se tornou capaz de desenvolver livremente suas condições de existência.

Este resumo bastará para dar ao leitor uma ideia correta das elucubrações de Proudhon sobre a política econômica ou o imposto, a balança do comércio, o crédito, o comunismo e a população. Desafiamos a crítica mais indulgente a abordar esses capítulos seriamente.

4. A propriedade ou a renda

Em cada época histórica a propriedade se desenvolveu diversamente e numa série de relações sociais inteiramente diferentes. Assim, definir a propriedade burguesa resume-se a fazer a exposição de todas as relações sociais da produção burguesa.

Querer dar uma definição da propriedade como se se tratasse de uma relação independente, de uma categoria à parte, de uma ideia abstrata e eterna, só poderia ser uma ilusão de metafísica ou de jurisprudência.

Proudhon, embora pareça referir-se à propriedade em geral, trata apenas da *propriedade fundiária*, da *renda fundiária*.

"A origem da renda, como da propriedade, é por assim dizer extraeconômica: reside em considerações de psicologia e de moral que só de muito longe têm a ver com a produção das riquezas" (Proudhon, Tomo II).

Assim, Proudhon se reconhece incapaz de compreender a origem econômica da renda e da propriedade. Admite que essa incapacidade o obriga a recorrer a considerações de psicologia e de moral, as quais, de fato, só longinquamente se relacionam com a produção das riquezas, se relacionam, porém estreitamente, com a exiguidade de sua visão histórica. Proudhon afirma que a origem da propriedade tem algo de *místico* e de *misterioso*. Ora, ver mistério na origem da propriedade, ou seja, transformar em mistério a relação da própria produção com a distribuição dos instrumentos de produção não será, para falar a linguagem de Proudhon, renunciar a qualquer pretensão à ciência econômica?

Proudhon *"se limita a recordar que na sétima época da evolução econômica, o crédito, tendo a ficção feito desvanecer a realidade e estando a atividade humana ameaçada de perder-se no vazio, se tornara necessário ligar mais fortemente o homem à natureza: ora, a renda foi o preço desse novo contrato"* (Proudhon, Tomo II).

O homem dos quarenta escudos[16] pressentiu um futuro Proudhon:

"Senhor Criador, com tua licença: sei que cada pessoa é senhora de seu mundo, mas nunca conseguirás me convencer de que o mundo em que estamos seja de vidro."

Em seu mundo, onde o crédito era um meio para *se perder no vazio*, é muito possível que a propriedade se tenha tornado necessária para *ligar o homem à natureza*. No mundo da produção real, onde a propriedade fundiária sempre precede o crédito, o *horror* de Proudhon não podia existir.

Uma vez admitida a existência da renda, seja qual for sua origem, ela se debate contraditoriamente entre o arrendatário e o proprietário fundiário. Qual o último termo desse debate, em outras palavras, qual é a cota média da renda? Vejamos o que diz Proudhon:

"A teoria de Ricardo responde a esta questão. No início da sociedade, quando o homem, novo sobre a terra, tinha diante de si apenas a imensidão das florestas e quando a terra era vasta e a indústria mal começava a nascer, a renda deve ter sido nula. A terra, ainda não modificada pelo trabalho, era um objeto de utilidade; não era um valor de troca; era comum, não social. Pouco a pouco, a multiplicação das famílias e o progresso da agricultura mostraram o preço da terra. O trabalho veio dar ao solo seu valor: daí nasceu a renda. Quanto mais, com a mesma quantidade de serviços, uma terra pudesse dar frutos, mais era apreciada; por isso a tendência dos proprietários foi

[16] *L'homme aux quarantes écus*, conto sócio-filosófico de Voltaire (NT).

sempre de atribuir-se a totalidade dos frutos do solo, menos o salário do arrendatário, isto é, menos os custos de produção. Assim, a propriedade vem depois do trabalho para lhe tirar tudo aquilo que, no produto, ultrapasse as despesas reais. Cumprindo o proprietário um dever místico e representando diante do colono a comunidade, o arrendatário não passa, nas previsões da Providência, de um trabalhador responsável, que deve prestar contas à sociedade de tudo o que colhe acima de seu salário legítimo... Por essência e destino, a renda é, portanto, um instrumento de justiça distributiva, um dos mil processos que o gênio econômico põe em ação para chegar à igualdade. É um imenso cadastro executado contraditoriamente pelos proprietários e arrendatários, sem colisão possível, num interesse superior e cujo resultado definitivo dever ser o de tornar igual a posse da terra entre os exploradores do solo e os industriais... Só faltava essa magia da propriedade para arrancar do colono o excedente do produto que ele não pode deixar de considerar como seu e de que se julga exclusivamente ser o autor. A renda ou, melhor, a propriedade quebrou o egoísmo agrícola e criou uma solidariedade que nenhuma potência, nenhuma repartição da terra teria feito nascer... Presentemente, obtido a efeito moral da propriedade, resta fazer a distribuição da renda" (Tomo II).

Todo esse tumulto de palavras se reduz em primeiro lugar a isto: Ricardo diz que o excedente do preço dos produtos agrícolas sobre seus custos de produção, incluindo o lucro e os juros comuns do capital, dá a medida da renda. Proudhon faz melhor. Faz o proprietário intervir, como um *Deus*, que tira do *colono* todo o excedente de sua produção sobre o custo da produção. Serve-se da intervenção do proprietário para explicar a propriedade, da intervenção do arrendatário para explicar a renda. Responde ao problema, colocando o mesmo problema e aumentando-o ainda de uma sílaba.

Observemos ainda que, determinando a renda pela diferença de fecundidade da terra, Proudhon lhe atribui uma nova origem, visto que a terra, antes de ser avaliada segundo os diferentes graus de fertilidade, "não era", segundo ele, "um valor de troca, mas era comum". Em que se tornou então essa ficção da renda que tinha surgido da *necessidade* de reconduzir à *terra* o homem que ia *perder-se no infinito do vazio*?

Desembaracemos agora a doutrina de Ricardo das frases providenciais, alegóricas e místicas nas quais Proudhon teve o cuidado de envolvê-la. A renda, no sentido de Ricardo, é a propriedade fundiária no estado burguês, isto é, a propriedade feudal que sofreu as condições da produção burguesa.

Vimos que, segundo a doutrina de Ricardo, o preço de todos os objetos é finalmente determinado pelos custos de produção, incluindo o lucro industrial; em outras palavas, pelo tempo de trabalho empregado. Na indústria manufatureira, o preço do produto obtido com o mínimo de trabalho regula o preço de todas as outras mercadorias da mesma espécie, visto que se podem multiplicar até o infinito os instrumentos de produção menos caros e mais produtivos e que a livre concorrência introduz necessariamente um preço de mercado, isto é, um preço comum para todos os produtos da mesma espécie.

Na indústria agrícola, pelo contrário, é o preço do produto obtido com a maior quantidade de trabalho que regula o preço de todos os produtos da mesma espécie. Em primeiro lugar, não se pode, como na indústria manufatureira, multiplicar à vontade os instrumentos de produção do mesmo grau de produtividade, isto é, os terrenos com o mesmo grau de fecundidade. Em seguida, à medida que a população cresce, passa a explorar terrenos de qualidade inferior ou fazer no mesmo terreno novos investimentos de capital, proporcionalmente menos produtivos que os primeiros. Em um ou outro caso, usa-se maior quantidade de trabalho para obter um produto proporcionalmente menor. Tendo as necessidades da população tornado necessário esse acréscimo de trabalho, o produto do terreno de uma exploração mais cara tem seu escoamento forçado tanto quanto o do terreno de uma exploração mais barata.

Como a concorrência nivela o preço de mercado, o produto do terreno melhor será pago ao mesmo preço do produto do terreno inferior. É o excedente do preço dos produtos da terra de melhor qualidade sobre os custos de sua produção que constitui a renda. Se houvesse sempre à disposição terrenos com o mesmo grau de fertilidade; se se pudesse, como na indústria manufatureira, recorrer sempre a máquinas menos caras e mais produtivas ou se os segundos investimentos de capitais produzissem tanto como os primeiros, então o preço de custo dos produtos agrícolas seria determinado pelo preço de custo dos artigos produzidos pelos melhores instrumentos de produção, como vimos no caso dos preços dos produtos manufaturados, mas também, a partir desse momento, a renda teria desaparecido.

Para que a doutrina de Ricardo seja verdadeira, é necessário que os capitais possam ser livremente aplicados nos diferentes ramos da indústria; que uma concorrência fortemente desenvolvida entre os capitalistas tenha levado os lucros a uma taxa igual; que o arrendatário não passe de um capitalista industrial que procura, pelo emprego de seu capital em terrenos inferiores, um lucro igual ao que tiraria de seu capital fosse aplicado, por exemplo, numa indústria qualquer; que a exploração agrícola seja submetida ao regime da grande indústria; enfim, que o proprietário fundiário não vise apenas o rendimento monetário.

Na Irlanda, a renda ainda não existia, embora o arrendamento de terras tivesse tido um desenvolvimento extremo. Sendo a renda o excedente, não apenas o salário, mas também sobre o lucro industrial, não poderia existir nos locais onde o rendimento do proprietário não passa de uma retirada sobre o salário?

Assim, bem longe de fazer do explorador da terra, do arrendatário, um *simples trabalhador*, e "de arrancar do colono o excedente do produto que ele não pode deixar de considerar como seu", a renda põe diante do proprietário fundiário o capitalista fundiário, em vez do escravo, do servo, do tributário, do assalariado. Uma vez constituída em renda, a propriedade fundiária só tem em seu poder o excedente sobre os custos de produção, determinados não só pelo salário, mas também pelo lucro industrial. Era, portanto, ao proprietário fundiário que a renda arrancava uma parte de seu rendimento.

Por isso decorreu um grande lapso de tempo antes que o arrendatário feudal fosse substituído pelo capitalista industrial. Na Alemanha, por exemplo, essa transformação só começou no último terço do século XVIII. Só na Inglaterra essa relação entre o capitalista industrial e o proprietário fundiário teve todo o seu desenvolvimento.

Enquanto havia apenas o *colono* de Proudhon, não havia renda. Desde que há renda, o colono não é o arrendatário, mas o operário, o colono do arrendatário. O rebaixamento do trabalhador, reduzido ao papel de simples operário, jornaleiro, assalariado, trabalhando para o capitalista industrial; a intervenção do capitalista industrial, explorando a terra como qualquer outra fábrica; a transformação do proprietário fundiário de pequeno soberano em usurário vulgar: essas são as diferentes relações expressas pela renda.

A renda, no sentido de Ricardo, é a agricultura patriarcal transformada em indústria comercial, o capital industrial aplicado à terra, a burguesia das cidades transplantada para os campos. A renda, em vez de ligar o *homem à natureza*, apenas liga a exploração da terra à concorrência. Uma vez constituída essa renda, a própria propriedade fundiária é o *resultado da concorrência*, uma vez que desde então passa a depender do valor venal dos produtos agrícolas. Como renda, a propriedade fundiária é mobilizada e se torna um título comercial. A renda só é possível a partir do momento em que o desenvolvimento da indústria das cidades e a organização social resultante forçam o proprietário fundiário a visar apenas o lucro venal, o rendimento monetário de seus produtos agrícolas, finalmente, em sua propriedade fundiária apenas uma máquina de cunhar moeda. A renda separou tão perfeitamente o proprietário fundiário do solo, da natureza, que ele nem sequer tem necessidade de conhecer suas terras, como acontece na Inglaterra. Quanto ao arrendatário, ao capitalista industrial e ao operário agrícola, não estão mais ligados à terra que exploram que o empresário e o operário das manufaturas ao algodão ou à lã que fabricam; só sentem apego pelo preço de sua exploração, pelo produto monetário. Os partidos reacionários apelam com todas as suas forças para o regresso do feudalismo, da boa vida patriarcal, dos costumes simples e das grandes virtudes de nossos avós. A sujeição do solo às leis que regem todas as outras indústrias é e será sempre tema de condolências interessadas. Assim, pode-se dizer que a renda se tornou a força motriz que lançou o idílio no movimento da história.

Ricardo, depois de ter apresentado a produção burguesa como necessária para determinar a renda, aplica-a, contudo, à propriedade fundiária de todas as épocas e de todos os países. São os erros de devaneios comuns a todos os economistas, que apresentam as relações da produção burguesa como categorias eternas.

Do fim providencial da renda, que é, para Proudhon, a transformação do *colono* em *trabalhador responsável*, ele passa para a retribuição igualitária da renda.

A renda, como acabamos de ver, é constituída pelo *preço igual* dos produtos de terras *desiguais em fertilidade*, de modo que um hectolitro de trigo que custou 10 francos é vendido a 20 francos, se os custos de produção se elevam, para uma terra de qualidade inferior, a 20 francos.

Enquanto a necessidade obriga a aquisição de todos os produtos agrícolas levados ao mercado, o preço de mercado é determinado pelos custos de produção do mais caro. É, portanto, essa igualização do preço, resultante da concorrência e não da diferente fertilidade das terras, que proporciona ao proprietário da melhor terra uma renda de 10 francos por cada hectolitro que seu arrendatário vende.

Suponhamos por um momento que o preço do trigo era determinado pelo tempo de trabalho necessário para produzi-lo e logo o hectolitro de trigo obtido no melhor terreno será vendido por 10 francos, enquanto que o hectolitro de trigo obtido no terreno de qualidade inferior será pago por 20 francos. Admitida essa hipótese, o preço médio de mercado será de 15 francos, ao passo que, segundo a lei da concorrência, é de 20 francos. Se o preço médio fosse de 15 francos, não haveria lugar para nenhuma distribuição, nem igualitária nem qualquer outra, pois não haveria renda. A renda só existe devido ao fato de se vender por 20 francos o hectolitro de trigo que custa ao produtor 10 francos. Proudhon supõe a igualdade do preço de mercado para custos de produção desiguais, para chegar à repartição igualitária do produto da desigualdade.

Compreendemos que economistas como Mill, Cherbuliez, Hilditch[17] e outros tenham pedido que a renda fosse atribuída

---

[17] James Mill (1773-1836), filósofo e economista inglês; Antoine-Elisée Cherbuliez (1797-1869), economista suíço; Richard Hilditch (séc. XIX), economista inglês (NT).

ao Estado, a fim de servir para a liquidação dos impostos. É esta a franca expressão do ódio que o capitalista industrial vota ao proprietário fundiário, que lhe parece uma inutilidade, uma superfetação no conjunto da produção burguesa.

Mas primeiro pagar o hectolitro de trigo por 20 francos, para fazer depois uma distribuição geral dos 10 francos recebidos a mais dos consumidores, isso basta para que o gênio social prossiga *melancolicamente seu caminho em ziguezague* e vá bater com a cabeça numa esquina qualquer.

A renda se torna, através da pena de Proudhon, *"num imenso cadastro, executado contraditoriamente pelos proprietários e arrendatários... num interesse superior e cujo resultado definitivo deve ser tornar igual a posse da terra entre os exploradores do solo e os industriais"* (Tomo II).

Para que um cadastro qualquer, formado pela renda, tenha valor prático, é preciso permanecer sempre nas condições da sociedade atual.

Ora, demonstramos que o arrendamento pago pelo arrendatário ao proprietário exprime a renda com alguma exatidão apenas nos países mais avançados na indústria e no comércio. E esse arrendamento encerra ainda frequentemente o juro pago ao proprietário pelo capital incorporado à terra. A situação dos terrenos, a vizinhança das cidades e muitas outras circunstâncias ainda influem no arrendamento e modificam a renda. Essas razões peremptórias bastariam para provar a inexatidão de um cadastro baseado na renda.

Por outro lado, a renda não poderia ser o índice constante do grau de fertilidade de um terreno, visto que a aplicação moderna da química altera a cada momento a natureza do terreno e que os conhecimentos geológicos começam precisamente em nossos dias a derrubar todo o antigo cálculo da fertilidade relativa: foi apenas há cerca de vinte anos que se arrotearam vastas terras situadas nos condados orientais da Inglaterra, terras que estavam sem cultivo por não terem sido bem apreciadas as relações entre o húmus e a composição da camada inferior.

Assim, a história, longe de apresentar, com a renda um cadastro pronto, limita-se a modificar, anula totalmente os cadastros já feitos.

Enfim, a fertilidade não é uma qualidade tão natural como se poderia crer: está ligada intimamente às relações sociais atuais. Uma terra pode ser muito fértil para o cultivo do trigo e, no entanto, o preço de mercado poderá determinar o cultivador a transformá-la em pastagem artificial e a torná-la assim não fértil.

Proudhon só improvisou seu cadastro, que nem tem o valor do cadastro comum, senão para dar um corpo ao fim *providencialmente igualitário* da renda.

"A renda, continua Proudhon, é o juro pago por um capital que nunca acaba, ou seja, a terra. E como esse capital não é suscetível de nenhum aumento quanto à matéria, mas apenas de uma melhoria indefinida quanto ao uso, acontece que, enquanto o juro ou o lucro do empréstimo (mutuum) tende a diminuir constantemente pela abundância dos capitais, a renda tende a aumentar sempre pelo aperfeiçoamento da indústria, do qual resulta a melhoria no uso da terra... Tal é, em sua essência, a renda" (Tomo II).

Aqui Proudhon vê na renda todos os sintomas do juro, com a diferença de que ela provém de um capital de natureza específica. Esse capital é a terra, capital eterno, "que não é suscetível de nenhum aumento quanto à matéria, mas apenas de uma melhoria indefinida quanto ao uso". Na marcha progressiva da civilização, os juros apresentam uma tendência contínua para a baixa, enquanto a renda tende continuamente para a alta. Os juros baixam por causa da abundância de capitais; a renda sobe com os aperfeiçoamentos introduzidos na indústria, os quais têm como consequência um uso cada vez mais inteligente da terra.

Essa é, na essência, a opinião de Proudhon.

Examinemos primeiro até que ponto é correto dizer que a renda é o juro de um capital.

Para o próprio proprietário fundiário, a renda representa o juro do capital que a terra lhe custou ou que dela tiraria se a vendesse. Mas ao comprar ou vender a terra, ele compra ou vende apenas renda. O preço que pagou para se fazer comprador da renda é regulado pela taxa de juro em geral e nada tem a ver com a própria natureza da renda. O juro dos capitais aplicados em terras é, em geral, inferior ao juro dos capitais aplicados nas manufaturas ou no comércio. Assim, para quem não distingue da própria renda o juro que a terra representa para o proprietário, o juro da terra-capital diminui ainda mais que o juro dos outros capitais. Mas não se trata do preço de compra ou de venda da renda, do valor venal da renda, da renda capitalizada, trata-se da própria renda.

O arrendamento pode implicar ainda, além da renda propriamente dita, o juro do capital incorporado na terra. Então, o proprietário recebe essa parte do arrendamento não como proprietário, mas como capitalista; mas não é essa a renda propriamente dita de que temos de falar.

Enquanto não é explorada como meio de produção, a terra não é um capital. As terras capitais podem ser aumentadas como todos os outros instrumentos de produção. Não se acrescenta nada à matéria, para usar a linguagem de Proudhon, mas se multiplicam as terras que servem de instrumento de produção. Basta aplicar à terra já transformada em meio de produção segundos investimentos de capital e se aumenta a terra-capital sem nada acrescentar à terra-matéria, isto é, à extensão da terra. A terra-matéria de Proudhon é a terra como limite. Quanto à eternidade que ele atribui à terra, gostaríamos bem que ela tivesse essa virtude como matéria. A terra-capital não é mais eterna que qualquer outro capital.

O ouro e a prata, que dão juros, são tão duráveis e eternos como a terra. Se o preço do ouro e da prata baixar enquanto o da terra for subindo, tal não resultará certamente de sua natureza mais ou menos eterna.

A terra-capital é um capital fixo, mas o capital fixo se gasta do mesmo modo que os capitais circulantes. As melhorias introduzidas na terra necessitam de renovação e de manutenção; duram apenas algum tempo e tem isso de comum com todas as outras melhorias de que nos utilizamos para transformar a matéria em meio de produção. Se a terra-capital fosse eterna, certos terrenos apresentariam um aspecto completamente diferente do que têm hoje e veríamos os campos de Roma, a Sicília, a Palestina, em todo o brilho de sua antiga prosperidade.

Há mesmo casos em que a terra-capital poderia desaparecer, mesmo quando as melhorias se mantivessem incorporadas na terra. Em primeiro lugar, isso acontece sempre que a renda propriamente dita é destruída pela concorrência de novos terrenos mais férteis; depois, as melhorias, que podiam ter um valor numa certa época, deixam de tê-lo a partir do momento em que se tornaram universais pelo desenvolvimento da agronomia.

O representante da terra-capital não é o proprietário fundiário, mas o arrendatário. O rendimento que a terra dá como capital é o juro e o lucro industrial e não a renda. Há terras que produzem esse juro a esse lucro e que não produzem renda.

Em resumo, a terra, enquanto dá um juro, é a terra-capital e, como terra-capital, não dá uma renda, não constitui a propriedade fundiária. A renda resulta das relações sociais nas quais se faz a exploração. Ela não poderia resultar da natureza mais ou menos dura, mais ou menos duradoura da terra. A renda provém da sociedade e não do solo.

Segundo Proudhon, a "melhoria no uso da terra", consequência do "aperfeiçoamento da indústria" é causa da alta contínua da renda. Essa melhoria faz, pelo contrário, baixar periodicamente.

Em que consiste, em geral, toda a melhoria, seja na agricultura, seja na manufatura? Consiste em produzir mais com o mesmo trabalho, em produzir tanto, ou mesmo mais, com menos trabalho. Graças a essas melhorias, o arrendatário é dispensado de empregar maior quantidade de trabalho para um produto proporcionalmente menor. Não tem então necessidade de recorrer a terrenos inferiores e parcelas do capital aplicadas sucessivamente ao mesmo terreno permanecem igualmente produtivas. Portanto, essas melhorias, longe de fazerem subir continuamente a renda, como diz Proudhon, são, pelo contrário, outros tantos obstáculos temporários que se opõem à sua alta.

Os proprietários ingleses do século XVII sentiam tão bem essa verdade que se opuseram aos progressos da agricultura com receio de verem diminuir seus rendimentos. (Ver Petty[18], economista inglês da época de Carlos II.)

---

[18] William Petty (1623-1687), economista e estatístico inglês, fundador da economia política (NT).

5. Greves e coligações de operários

"Qualquer movimento de alta nos salários só pode ter como efeito uma alta no trigo, no vinho, etc., isto é, o efeito de uma escassez. O que é o salário? É o preço de custo do trigo, etc.; é o preço integral de qualquer coisa. Vamos ainda mais longe: o salário é a proporcionalidade dos elementos que compõem a riqueza e que são consumidos reprodutivamente todos os dias pela massa dos trabalhadores. Ora, duplicar os salários... é atribuir a cada um dos produtores uma parte maior que seu produto, o que é contraditório; e se a alta só incide sobre um pequeno número de indústrias, provoca-se uma perturbação geral nas trocas, numa palavra, uma escassez... É impossível, declaro, que as greves seguidas de aumento de salários não levem a um encarecimento geral: isso é tão certo como dois e dois são quatro" (Proudhon, Tomo I).

Negamos todas estas afirmações, exceto que dois e dois são quatro.

Em primeiro lugar não existe encarecimento geral. Se o preço de todas as coisas duplicar ao mesmo tempo em que o salário, não haverá mudança nos preços, há apenas mudança nos termos.

Em segundo lugar, uma alta geral dos salários não pode nunca produzir um encarecimento mais ou menos geral das mercadorias. Efetivamente, se todas as indústrias empregassem o mesmo número de operários em relação ao capital fixo ou aos instrumentos de que elas se servem, uma alta geral dos salários produziria uma baixa geral dos lucros e o preço corrente das mercadorias não sofreria qualquer alteração.

Mas como a relação entre o trabalho manual e o capital fixo não é a mesma nas diferentes indústrias, todas as indústrias que empregam relativamente maior massa de capital fixo e menos operários serão forçadas, mais cedo ou mais tarde a baixar o preço de suas mercadorias. Caso contrário, não baixando o preço de suas mercadorias, seu lucro se elevaria acima da taxa comum dos lucros. As máquinas não são trabalhadores assalariados. Portanto, a alta geral dos salários atingirá menos as indústrias que empregam comparativamente às outras mais máquinas que operários. Mas como a concorrência tende sempre a nivelar os lucros, os que se elevam acima da taxa ordinária só poderiam ser passageiros. Assim, à parte algumas oscilações, uma alta geral dos salários provocará, em vez de um encarecimento geral, como diz Proudhon, uma baixa parcial, isto é, uma baixa no preço corrente das mercadorias que são fabricadas principalmente com a ajuda de máquinas.

A alta e a baixa do lucro e dos salários exprimem apenas a proporção em que os capitalistas e os trabalhadores participam no produto de um dia de trabalho, sem influir na maior parte dos casos, no preço do produto. Mas que "as greves seguidas de aumento de salários levem a uma encarecimento geral" e mesmo a uma escassez" é uma daquelas ideias que só podem nascer no cérebro de um poeta incompreendido.

Na Inglaterra, as greves ocasionaram regularmente a invenção e o emprego de algumas máquinas novas. As máquinas eram, pode-se dizer, a arma que os capitalistas empregavam para abater o trabalho especializado em revolta. A *self-acting mule* (tear mecânico), a maior invenção da indústria moderna, pôs fora de combate os fiandeiros revoltados. Mesmo que as coalizões e as greves não tivessem por único efeito fazer reagir contra elas os esforços do gênio mecânico, continuariam a exercer uma influência imensa sobre o desenvolvimento da indústria.

"Verifico, continua Proudhon, num artigo publicado por Léon Faucher... em setembro de 1845, que há algum tempo os operários ingleses perderam o hábito das coalizões, o que é certamente um progresso, pelo qual só podemos felicitá-los: mas que essa melhoria no moral dos operários decorre sobretudo de sua instrução econômica. Não é dos manufatureiros, exclamava no comício de Bolton um operário fiandeiro, que os salários dependem. Nas épocas de depressão os patrões são apenas, por assim dizer, os chicotes de que se arma a necessidade e, quer queiram quer não, é preciso que eles batam. O princípio regulador é a relação entre a oferta e a procura; e os patrões não têm esse poder... Até que enfim.., exclama Proudhon, aí estão os operários bem educados, operários modelos, etc., etc. etc. Essa miséria faltava à Inglaterra: não atravessará o estreito" (Proudhon, Tomo, I).

De todas as cidades da Inglaterra, Bolton é aquela em que o radicalismo está mais desenvolvido. Os operários de Bolton são conhecidos por serem extremamente revolucionários.

Quando da grande agitação que se verificou na Inglaterra pela abolição das leis dos cereais, os fabricantes ingleses pensaram que podiam opor-se aos proprietários fundiários sem pôr à frente os operários. Mas como os interesses dos operários não se opunham menos aos dos fabricantes que os interesses destes aos dos proprietários fundiários, era natural que os fabricantes tivessem de ficar em desvantagem nos comícios dos operários. Que fizeram os fabricantes? Para salvar as aparências, organizaram comícios compostos em grande parte por contramestres, pelo pequeno número de operários que lhes eram dedicados e *pelos amigos do comércio* propriamente ditos. Quando em seguida, os verdadeiros operários tentaram, como em Bolton e em Manchester, participar do debate para protestar contra essas manifestações artificiais, foi proibida sua entrada dizendo que se tratava de um *ticket-meeting*. Por esta expressão se entende comícios onde só podem participar pessoas com convites. No entanto os cartazes, afixados nas paredes, tinham anunciado comícios públicos. Sempre que havia desses comícios, os jornais dos fabricantes faziam um relato vistoso e detalhado dos discursos pronunciados. É desnecessário dizer que eram os contramestres que proferiam esses discursos. Os jornais de Londres os reproduziam literalmente. Proudhon teve a infelicidade de tomar os contramestres por operários comuns e lhes dá ordem de não atravessarem o estreito.

Se em 1844 e em 1845 as greves saltavam menos à vista do que antes, é porque em 1844 e 1845 foram os dois primeiros anos de prosperidade da indústria inglesa após 1837. Contudo, nenhuma das *trade-unions* foi dissolvida.

Ouçamos agora os contramestres de Bolton. Segundo eles, os fabricantes não são os donos do salário, porque não são os donos do preço do produto e não são os donos do produto porque não são os donos do mercado mundial. Por essa razão davam a entender que não era necessário fazer coligações para arrancar dos patrões um aumento de salário. Proudhon, pelo contrário, proibiu-lhes as coligações com receio de que uma coligação seja seguida de uma alta de salários, que provocaria uma carestia geral. Não temos necessidade de dizer que só num ponto há entendimento cordial entre os contramestres e Proudhon: é que a alta dos salários equivale a uma alta nos preços dos produtos.

Mas será o receio de uma carestia a verdadeira causa do rancor de Proudhon? Não. Simplesmente, ele não perdoa aos contramestres de Bolton porque determinam o valor pela oferta e a procura e não se preocupam em nada com o *valor constituído*, com o valor passado ao estado de constituição, com a constituição do valor, incluindo a *trocabilidade permanente* e todas as outras *proporcionalidades de relações e relações de proporcionalidade*, apoiadas pela providência.

"A greve dos operários é ilegal e não é apenas o Código Penal que diz isso, é o sistema econômico, é a necessidade de ordem estabelecida... Que cada operário individualmente tenha a livre disposição de sua pessoa e de seus braços pode ser tolerado, mas que os operários tentem por meio de coligações exercer violência contra o monopólio, é o que a sociedade não pode permitir" (Proudhon, Tomo I).

Proudhon pretende fazer passar um artigo do Código Penal por um resultado necessário e geral das relações da produção burguesa.

Na Inglaterra, as coligações são autorizadas por uma lei do Parlamento e foi o sistema econômico que forçou o Parlamento a dar autorização através da lei. Em 1825, quando, sob o ministro Huskisson, o Parlamento teve de modificar a legislação para pô-la mais ainda de acordo com um estado de coisas resultante da livre concorrência, teve necessariamente que abolir todas as leis que proibiam as coligações dos operários. Quanto mais a indústria moderna e a concorrência se desenvolvem, mais elementos existem que provocam e favorecem as coligações e logo que as coligações se tornarem um fato econômico, ganhando dia a dia maior consistência, não podem tardar a tornar-se um fato legal.

Assim, o artigo do Código Penal prova, quando muito, que a indústria moderna e a concorrência não estavam ainda bem desenvolvidas sob a Assembleia Constituinte e sob o Império.

Os economistas e os socialistas[19] estão de acordo num só ponto: a condenação das coligações. Contudo, apresentam motivos diferentes para seu ato de condenação.

---

[19] Isto é, aqueles daquela época, os fourieristas (ver nota 12 deste capítulo) na França e os owenistas (seguidores das ideias de Robert Owen [1771-1858]) na Inglaterra (NT).

Os economistas dizem aos operários: não entrem em coligação. Entrando em coligação, vocês entrevarão a marcha regular da indústria, impedirão os fabricantes de satisfazer as encomendas, perturbarão o comércio e precipitarão a invasão das máquinas que, tornando seu trabalho parcialmente inútil, os obrigarão a aceitar um salário ainda mais baixo. Aliás, seria agir em vão, uma vez que seu salário será sempre determinado pela relação entre a mão de obra oferecida e a mão de obra procurada e é um esforço tão ridículo quanto perigoso que vocês se revoltem contra as leis eternas da economia política.

Os socialistas dizem aos operários: não entrem em coligação, porque, afinal, que ganharão com isso? Um aumento de salário? Os economistas provarão até a evidência que os poucos tostões que vocês poderão ganhar, em caso de êxito, por alguns momentos, serão seguidos de uma baixa permanente. Hábeis calculadores poderão lhes provar que serão necessários anos para vocês recuperarem com o aumento dos salários as despesas que foram obrigados a fazer para organizar e manter as coligações.

E, em nossa qualidade de socialistas, pondo de lado essa questão de dinheiro, antes e depois vocês não verão menos os operários e os patrões serão sempre os patrões. Assim, nada de coligações, nada de política, pois não é fazer política promover coligações?

Os economistas querem que os operários permaneçam na sociedade como ela está formada e como eles a consignaram e a sancionaram em seus manuais.

Os socialistas querem que os operários deixem para lá a sociedade antiga, para melhor poderem entrar na sociedade nova que eles lhes prepararam com tanta previdência.

Apesar de uns e de outros, apesar dos manuais e das utopias, as coligações não cessaram um instante de se manifestar e de se ampliar com o desenvolvimento e o engrandecimento da indústria moderna. Isso chegou agora a tal ponto que o grau atingido pelas coligações num país assinala nitidamente o grau que ele ocupa na hierarquia do mercado mundial. A Inglaterra, onde a indústria atingiu o mais alto grau de desenvolvimento, apresenta as mais vastas coligações e as mais bem organizadas.

Na Inglaterra, não foram limitadas as coligações parciais, que tinham como único objetivo uma greve passageira e que desapareciam com ela. Formaram-se coligações permanentes, *trade-unions*, que constituem um muro aos operários em suas lutas locais com empresários. E atualmente todas essas *trade-unions* locais encontram um ponto de união na *National Association of United Trades*, cujo comitê central tem sede em Londres e que já conta com 80.000 membros. A formação dessas greves, coligações, *trade-unions* marchou simultaneamente com as lutas políticas dos operários que constituem agora um grande partido político sob o nome de *Cartistas*.

É sob a forma das coligações que sempre se realizam as primeiras tentativas dos trabalhadores para se associarem entre si.

A grande indústria aglomera num único lugar uma multidão de pessoas desconhecidas umas das outras. A concorrência divide seus interesses. Mas a manutenção do salário, esse interesse comum que possuem contra seu patrão, reúnem-se num mesmo pensamento de resistência – *coligação*. Assim a coligação tem sempre um duplo objetivo, o de fazer cessar entre elas a concorrência, para poder fazer uma concorrência geral ao capitalista. Se o primeiro objetivo de resistência foi apenas a manutenção dos salários, à medida que os capitalistas, por sua vez, se reúnem num pensamento de repressão, as coligações, a princípio isoladas, constituem-se em grupos e, diante do capital sempre unido, a manutenção da associação torna-se mais necessária para elas que a do salário. Isso é de tal modo verdadeiro que os economistas ingleses sempre se espantaram ao verem os operários sacrificarem uma boa parte do salário em favor das associações que, aos olhos desses economistas, só foram criadas em favor do salário. Nessa luta, verdadeira guerra civil, reúnem-se e desenvolvem-se todos os elementos necessários para uma batalha futura. Uma vez atingido esse ponto, a associação adquire um caráter político.

As condições econômicas tinham a princípio transformado a massa da população do país em trabalhadores. A dominação do capital criou para essa massa uma situação comum, interesses comuns. Assim essa massa já é uma classe diante do capital, mas não o é ainda para si mesma. Na luta, de que assinalamos apenas algumas fases, essa massa se reúne, se constitui em classe para si mesma. Os interesses que ela defende se tornam interesses de classe. Mas a luta de classe com classe é uma luta política.

Na burguesia, temos duas fases a distinguir: aquela durante a qual se constituiu em classe sob o regime do feudalismo e da monarquia absoluta e aquela em que, já constituída em classe, derrubou o feudalismo e a monarquia, para fazer da sociedade uma sociedade burguesa. A primeira dessas fases foi a mais longa e necessitou dos maiores esforços. Ela havia começado também com coligações parciais contra os senhores feudais.

Muitas investigações foram feitas para descrever as diferentes fases históricas que a burguesia percorreu, desde a comuna até sua constituição como classe.

Mas quando se trata de compreender com exatidão as greves, as coligações e outras formas nas quais os proletários efetuam diante de nossos olhos sua organização como classe, uns são tomados de um temor real, outros ostentam um desdém *transcendental*.

Uma classe oprimida é a condição vital de qualquer sociedade baseada no antagonismo das classes. A libertação da classe oprimida implica, portanto, necessariamente a criação de uma sociedade nova. Para que a classe oprimida possa libertar-se, é necessário que os poderes produtivos já adquiridos e as relações sociais existentes não possam mais existir lado a lado. De todos os instrumentos de produção, o maior poder produtivo é a própria classe revolucionária. A organização dos elementos revolucionários como classe pressupõe a existência de todas as forças produtivas que podiam ser geradas no seio da sociedade antiga.

Isso significa que, após a queda da antiga sociedade, haverá uma nova dominação de classe, resumindo-se num novo poder político? Não.

A condição de libertação da classe trabalhadora é a abolição de qualquer classe, como a condição de libertação do terceiro estado, da ordem burguesa, foi a abolição de todos os estados[20] e de todas as ordens.

A classe trabalhadora substituirá, no decorrer de seu

---

[20] Estados no sentido histórico, como existem na época feudal, Estados com privilégios precisos e limitados. A revolução da burguesia aboliu os Estados juntamente com seus privilégios. A sociedade burguesa só conhece as classes. Foi por isso uma contradição histórica que o proletariado foi designado como "quarto Estado" (*Nota de Engels à edição alemã de 1885*).

desenvolvimento, a antiga sociedade civil por uma associação que excluirá as classes e seu antagonismo, e não haverá mais poder político propriamente dito, visto que o poder político é precisamente o resumo oficial do antagonismo na sociedade civil.

Entretanto, o antagonismo entre o proletariado e a burguesia é uma luta de classe a classe, luta que, levada à sua mais alta expressão, é uma revolução total. Aliás, será de se admirar que uma sociedade baseada na *oposição* das classes chegue à *contradição* brutal, a um choque corpo a corpo como última solução?

Não se diga que o movimento social exclui o movimento político. Não haverá nunca movimento político que não seja ao mesmo tempo social.

Só numa ordem de coisas na qual já não haja classes e antagonismo de classes deixarão as evoluções sociais de ser revoluções políticas. Até lá, na véspera de cada remodelação geral da sociedade, a última palavra da ciência social será sempre:

"O combate ou a morte: a luta sanguinária ou o nada. É assim que a questão se apresenta inelutavelmente" (George Sand[21]).

[21] George Sand, pseudônimo de Amandine-Lucie-Aurore Dupin (1804-1876), escritora francesa (NT).

Vida e obra do autor

Karl Marx nasceu em 1818 na cidade de Trier, Alemanha. Filho de um advogado de origem judaica que se convertera ao protestantismo, Karl Marx estudou Direito na Universidade de Bonn e depois na de Berlim. Acabou se interessando por filosofia e, em 1841, preparou uma tese sobre *As diferenças da filosofia da natureza em Demócrito e em Epicuro*. Por meio da filosofia, se inteirou das correntes materialistas, das novas ideias de política econômica que se difundiam na Europa e que tendiam para o socialismo nascente. Em 1842, Marx era redator do jornal *Gazeta Renana* que foi interditado. Por causa disso, mudou-se para Paris, onde lançou *Anais Franco-Alemães*, mas o periódico parou no primeiro número. Homem que procurava contatos com todos os intelectuais da época, Marx cultivou especial amizade com Friedrich Engels, com quem haveria de publicar obras em parceria. Depois de ficar dois anos em Paris, mudou-se para Bruxelas, Bélgica, onde desenvolveu intensa atividade política, fundando, juntamente com Engels, a *Sociedade dos Operários Alemães de Bruxelas*, já de perfil marcadamente comunista. Os dois lançaram, em 1848, o célebre *Manifesto do Partido Comunista*. Expulso da Bélgica, Marx fixou residência em Colônia, Alemanha, onde lançou a *Nova Gazeta Renana*, na qual escreveu numerosos artigos em favor dos operários. Expulso da Alemanha, passou a viver em Londres, onde continuou suas atividades de intelectual e de revolucionário, sustentado por amigos em suas dificuldades financeiras, mas trabalhando intensamente em sua obra máxima, *O Capital*. Com a morte da esposa em 1881 e da filha em 1883, sentiu-se só e deprimido, vindo a falecer em março de 1883 em Londres.

Impressão e Acabamento:
Gráfica Oceano